btb

Lernen Sie Ejnar Svensson kennen – braver Beamter einer kleinen Gemeinde, der zum Klopapierkönig von Schweden aufsteigt und über die Grenzen des Landes hinaus Bekanntheit erringt: Aus reinem Versehen tätigt Ejnar Svensson eine Toilettenpapierbestellung von schwindelerregender Höhe. Der ambitionierte Bürgermeister verwandelt sein Missgeschick alsbald in einen Triumph für alle Hamsterkäufer, und aus dem schüchternen unfreiwilligen Helden soll ein Held für die Massen werden. Doch was passiert, wenn die Euphorie nachlässt und das unverzichtbare Papier zur Neige geht? Eine unglaublich charmante Geschichte über menschliche Eitelkeit, die Weisheit des einfachen Mannes und die unerwarteten Wendungen des Lebens.

Maria Ernestam, geboren 1959, begann ihre Laufbahn als Journalistin. Sie hat lange Jahre als Auslandskorrespondentin für verschiedene schwedische Zeitungen in Deutschland gearbeitet. Mittlerweile sind mehrere hoch gelobte Romane von ihr in vierzehn Ländern erschienen. »Der geheime Brief« und »Das verborgene Haus« waren in Skandinavien Bestseller und standen auch in Deutschland wochenlang auf der Spiegel-Bestsellerliste. Maria Ernestam lebt mit ihrem Mann in Stockholm und hat zwei erwachsene Kinder.

Maria Ernestam

Der Klopapierkönig

Ein Kurzroman

Aus dem Schwedischen
von Gabriele Haefs

btb

Die schwedische Originalausgabe erschien 2019 unter dem Titel »Toalettpapperskungen« bei Bonnier Bookery, Stockholm.

MIX
Papier | Fördert gute Waldnutzung
FSC® C014496

Penguin Random House Verlagsgruppe FSC® N001967

1. Auflage
Genehmigte Taschenbuchausgabe Juli 2023

Published by Agreement with Enberg Agency
Covergestaltung: Semper Smile nach einem Entwurf
und unter Verwendung einer Illustration
von © Ilse-Mari Berlin / Bonnier Bookery
Satz: GGP Media GmbH, Pößneck
Druck und Bindung: GGP Media GmbH, Pößneck
SL · Herstellung: sc
Printed in Germany
ISBN 978-3-442-77321-3

www.btb-verlag.de
www.facebook.com/penguinbuecher

Kapitel 1

Als ich nach Vallerås zog, gab ich mich nicht der Illusion hin, dass ich Abenteuer erleben würde. Ich rechnete mit Ruhe und Ordnung. Gerade deshalb hatte ich mich ja zu diesem Ortswechsel entschlossen.

Bis dahin war ich den größten Teil meines Lebens politisch aktiv gewesen, aber zum Zeitpunkt des Umzugs war ich der Menschen überdrüssig geworden, die sich um die Macht drängten. Viel zu viele erfolglose Eiferer, die einmal Visionen gehabt haben, kämpften nach ein paar Jahren nur noch um Raum in den Massenmedien, während das, was unbedingt getan werden musste – das, was für die Bürgerinnen und Bürger wirklich eine Rolle spielte –, der Willkür und einer Inkompetenz überlassen wurde, die ich nur noch mit größter Mühe verteidigen konnte. Ein Elend, das war es. Und das ist es übrigens noch immer.

Schon damals betrachtete ich unsere Kommunalpolitiker zugegebenermaßen mit milderem Blick. In der Provinz gab es immer schon eine Zusammenarbeit von rechts und links, dort kann man sich auf ein Schießgelände oder eine Braugenehmigung für Nonnen einigen, je nachdem, auf welcher Seite der Mittellinie man gerade steht. Was mich anspricht. Eine Prise Pragmatismus hat schon manchen Krieg verhindert.

Doch ich wollte mich eigentlich gar nicht mit den kommunalen Angelegenheiten befassen. Der Umzug nach Valleràs fühlte sich ganz einfach wie eine Befreiung an, und ich hatte vor, die Politik ganz an den Nagel zu hängen. In Valleràs gab es die Nähe zum Meer und den

Wald im Binnenland. Hier gab es ein reiches Vereinsleben und vieles andere. Auf mehr Zeit für meine Familie hatte ich mich ebenfalls gefreut, nach all den Jahren im Dienste der Allgemeinheit. Ein Politiker kennt keine geregelte Arbeitszeit, das ist einer meiner Glaubenssätze. Er muss rund um die Uhr für die Wählerinnen und Wähler erreichbar sein. Für mich war jetzt endlich die Zeit gekommen, diese Verantwortung anderen zu überlassen.

Aber es ist schwer, alten Hunden das Bellen abzugewöhnen, wie ich immer sage. Und so wollte es das Schicksal, dass ich auf dem Posten des Bürgermeisters der Gemeinde landete. Ein bisschen Schmeichelei hier, ein bisschen Überzeugungsarbeit dort, ein ehrlicher Wahlkampf und so weiter. So kam ich ans Ziel. Zu meiner großen Überraschung.

Ich weiß noch, wie ich zum ersten Mal meinen neuen Arbeitsplatz aufsuchte, fast auf den Tag genau vor zwanzig Jahren. Ein elegantes

Gebäude mit geschmückter Fassade und sauber geputzten Fenstern. Ich stieg die Treppen hoch, wurde von meinen engsten Kollegen empfangen und dann durch das Haus geführt und den übrigen Mitarbeitern vorgestellt. Es hat übrigens immer schon entscheidend zu meinem Erfolg beigetragen, dass ich mir Mühe gebe, die Leute in meiner Umgebung kennenzulernen und sie mit Namen anzusprechen. Den Menschen zu sehen. Versuche, jeden einzelnen nach seinen Fähigkeiten zu schätzen, auch wenn diese Fähigkeiten oftmals nicht auffindbar sind. Darauf kann ich nicht oft genug hinweisen.

Während dieses Rundgangs lernte ich damals Ejnar Svensson kennen. Und obwohl es mir in Anbetracht des eben Betonten peinlich ist, muss ich zugeben: Ich kann mich einfach nicht daran erinnern, dem Burschen damals begegnet zu sein.

Nicht die geringste Erinnerung.

Und doch sollte er nicht nur meine politische Laufbahn verändern, sondern überhaupt die gesamte stolze Geschichte von Vallerås. Ich sollte das, was er tat, in eine Heldentat verwandeln und die Lebensumstände eines ganzen Ortes auf den Kopf stellen. Eine verblüffende Abfolge von Ereignissen, die ihresgleichen sucht. Sie werden es begreifen, wenn Sie gleich mehr erfahren haben.

Ejnar Svensson arbeitete in einem kleinen Raum am Ende eines abgelegenen Ganges. Er war mit einem Teil unseres öffentlichen Beschaffungswesens betraut, und damit hatte er sich all die Jahre befasst, die er damals schon dort saß. Wie lange das auch immer gewesen sein mochte. Es gab niemals irgendeinen konkreten Grund, da genauer nachzufragen. Ejnar Svensson saß, wo er saß, und tat, was er tat, und das offenbar zur allgemeinen Zufriedenheit, da er Jahr für Jahr Büro und Arbeitsbereich behielt, während Menschen in leitenden Positionen und Entscheidungsträger kamen und gingen.

Das kann an seiner Kompetenz gelegen haben. Aber auch an der Tatsache, dass es noch anderen so ging wie mir. Man bemerkte den Burschen einfach nicht. Er war wie ein Stück Zellophan. Undefinierbare Haarfarbe, Brille in einem ansonsten nichtssagenden Gesicht, Kleidung in vagen Farben. Hätte ein früh gealterter Fünfunddreißigjähriger oder ein erstaunlich jung gebliebener Sechzigjähriger gewesen sein können. Vermutlich hatte er immer schon so ausgesehen, vielleicht war er so geboren worden, wie er da mit seinem speckigen Anzug und seiner Aktentasche in der rechten Hand stand und ging. Das ist keine abwegige Vorstellung.

Gab es ihn überhaupt wirklich? Diese Frage war berechtigt. Natürlich nur, bis er zum Klopapierkönig von ganz Schweden wurde. Oder von mir aus auch von der ganzen Welt.

Und das ist der Grund, warum ich diese Geschichte erzähle.

Ejnar war also zuständig für einen Teil der öffentlichen Anschaffungen und der Finanzen der Gemeinde. Das war nicht weiter aufsehenerregend, diesen Posten gibt es in den meisten schwedischen Ortschaften, und es war keiner, über den man damals besonders viel nachgedacht hätte. Erst später, als sich der Fokus der Medien auf öffentliche Ausgaben und das, was für alle Welt eigentlich selbstverständlich sein sollte, zu richten begann. Dass es nämlich viel leichter ist, das Geld anderer Leute auszugeben anstatt das eigene. Darauf komme ich später noch zurück.

Doch damals hielt sich dieses Interesse sehr in Grenzen, bei uns jedenfalls. Auch weil Ejnar sich offenbar mit den Finanzen auskannte und das bestellte, was bestellt werden musste, ob es sich nun um Bleistifte handelte oder um den Einsatz eines Schneepflugs. Waren und Dienstleistungen wurden wunschgemäß geliefert, und niemand hatte je einen Grund zur Klage gehabt. Unterm Strich stimmten die Zahlen, und die Finanzlage der Gemeinde war gut. So lässt sich die Situation zusammenfassen.

Bis Ejnar dann für Vallerås Toilettenpapier bestellte.

Vielleicht schlägt noch unter der grauesten Weste ein rotes Herz. Vielleicht war in seiner unmittelbaren Umgebung etwas passiert, das über lange Zeit niemandem aufgefallen war, da Ejnar nichts erzählte und niemand ihn fragte. Es steht jedenfalls fest, dass er ein einziges Mal nicht bei der Sache war, als er die inzwischen berühmte Bestellung aufgab und einen Stein ins Rollen brachte, der dann eine unkontrollierte und völlig unerwartete Lawine auslöste.

Toilettenpapier für Vallerås also – wir sprechen hier von einem Ort mit fünftausend

Einwohnern, wir sprechen von Schule, Kita, dem Seniorenwohnheim, unserem eigenen Arbeitsplatz und so weiter und so fort. Da kann eine Krone mehr oder weniger schon wichtig sein. Und Ejnar hatte sich wie ein besonders kluges Schwein den Weg zu einem Stück Trüffel erschnüffelt, dem er nicht widerstehen konnte. Ein graues und einlagiges recyceltes Klopapier. Kein Schnickschnack, aber angesichts des Preises war es doch einen Versuch wert. Ejnar bestellte vier Einheiten. Völlig in Ordnung, möchte man meinen, schließlich ging er davon aus, dass es sich um vier Packungen zu jeweils zwölf Rollen handelte. Es sollte sozusagen ein Test sein. Wenn das Produkt akzeptabel wäre, wäre die Gemeinde durchaus geneigt, eine Nachbestellung aufzugeben.

Allerdings ging etwas schief. Als das Toilettenpapier angeliefert wurde, trafen keine vier Pakete ein. Sondern vier Lastwagen.

Wie Panzer kamen sie angerollt, funkelnd im Sonnenschein und mit Fahrern, die ihre Fahrzeuge lenkten, als müssten sie mit Mantel und Degen ihre Tapferkeit unter Beweis stellen. Und auf jeder Ladefläche thronte ein Berg aus umweltfreundlichem Klopapier im Wert von fast zweihunderttausend Kronen.

Das Ganze erregte eine gewisse Aufmerksamkeit. Die Lastwagen hatten den Auftrag, direkt zum Rathaus zu fahren, um ihre Fracht an unserem kleinen Lagerraum abzugeben. Nun standen dort also vier LKW-Fahrer, die ungeduldig wissen wollten, wo sie abladen könnten, während eine besorgte Rezeptionistin verzweifelt in der Gegend herumtelefonierte, um zu fragen, was sie tun sollte. Unterdessen begab sich der eine oder andere Politiker auf die Straße hinaus, um sich dieses Schauspiel anzusehen.

Endlich wurde ich informiert, in meiner Eigenschaft als Chef des Ganzen und Retter aus kommunalen Nöten. Ich lief nach unten in die Rezeption, redete von Mann zu Mann mit den Fahrern, machte mir ein Bild von der Lage und suchte eilig nach einer Lösung. Gab es eine Möglichkeit, die Ladung zurückzugeben, durch eines jener konstruktiven Gespräche, für die ich bekannt war? Konnte die Bestellung folglich annulliert werden? Die vier LKW-Fahrer warteten schon länger als üblich und wollten nichts lieber, als sich der Ladung zu entledigen, das Gaspedal durchzutreten und zu verschwinden. Zu allem Überfluss verursachten sie auch noch einen Stau. Andere Autos mussten auf den Bürgersteig fahren, um an ihnen vorbeizukommen, was zu wütenden Blicken führte, und durch geöffnete Fenster sickerten allerlei Kommentare nach draußen, die, wie ich deutlich erklären möchte, für unsere so harmonische Gemeinde nicht typisch sind.

Wir standen vor einer Herausforderung, und es fiel dem Feldherrn, also mir, zu, die

Richtung zu weisen. Und zuallererst die Frage zu beantworten, die am dringendsten nach einer Antwort verlangte. Die Frage der Lagerung.

Die Lieferung war am späten Nachmittag eingetroffen, und niemand nahm ab, als man versuchte, die Herstellerfirma anzurufen. Die Gemeinde verfügt natürlich über Räume zur Aufbewahrung der von uns bestellten Produkte, und im Rathaus selbst gibt es, wie ich bereits erwähnt habe, einen solchen Lagerraum, aber Platz für die Ladung von vier vollgestopften LKW hatten wir da nicht.

In aller Eile rief ich den Gemeinderat zusammen, jedenfalls alle Mitglieder, die ich erreichen konnte, und wir zermarterten uns die Gehirne, während wir hin und wieder von ohrenbetäubendem Lärm gequält wurden, wenn einer der Fahrer auf die Hupe drückte, um auf sich aufmerksam zu machen. Irgendwer bot sein Zimmer an, erbleichte aber, als er begriff, um welche Mengen Papier es sich handelte, andere schlugen vor, wir sollten uns in den umliegenden Geschäften erkundigen, aber auch dieser Vorschlag scheiterte an den Möglichkeiten seiner Umsetzung.

Am Ende, das muss ich gestehen, war ich selbst es, der wie so oft den erlösenden Vorschlag in die Debatte warf. Ein Stück von meinem Haus entfernt gibt es einen kleinen Bauernhof, und ich stand und stehe übrigens weiterhin mit dem Bauern und seiner Familie auf ziemlich gutem Fuß. Einige Monate zuvor hatte selbiger Bauer in einem Gespräch unter Nachbarn vorsichtig die Frage aufgeworfen, wie es sich mit der Baugenehmigung für eine größere Scheune verhielte. Seine alte war zwar durchaus noch brauchbar, aber nicht mehr groß genug, und da sein Grundstück ans Meer grenzte, war ihm klar, dass die Errichtung eines Neubaus gewissen Regeln und Vorschriften unterworfen sein könnte.

Ich hatte ihm keinerlei Versprechungen gemacht, ich habe solche Freundschaftsdienste nach Möglichkeit immer vermieden. Aber hier und dort ein Wort kann ja auch seine Wirkung haben, und so kam mein Nachbar an seine Baugenehmigung und hatte fast über Nacht eine neue Scheune auf dem Grundstück stehen, die er augenblicklich in Gebrauch nahm. Er hatte jedoch noch keine Zeit gefunden, die alte abzureißen; sie stand nun also noch da und war, soviel ich wusste, leer und ungenutzt.

Vor Augen und Ohren des Gemeinderats wählte ich die Nummer meines Nachbarn und schilderte unsere Notlage. Der Nachbar hörte zu und kicherte und rang sich endlich die Erklärung ab, er wäre unter Umständen bereit, der Gemeinde entgegenzukommen. Unter der Voraussetzung natürlich, dass dieses Wohlwollen nicht in Vergessenheit geraten würde, sodass er bei Gelegenheit mit einem Gegendienst rechnen dürfe. Es gelang mir, ihm eine beruhigende Antwort zu geben, ohne mich definitiv festzulegen. Es macht sich niemals gut, sich bei Diensten und Gegendiensten ertappen zu lassen, wenn man Kollegen um sich herumstehen hat, die zwar momentan wohlwollend sind, die jedoch ein Gedächtnis haben wie ein Pferd, wenn die Kanonen feuern. Dass wir uns in einer Krisensituation befunden hatten, würde niemand mehr wissen, an dem Tag, an dem eine politische Entscheidung es nötig machen würde, ein oder zwei Daumenschrauben zur Anwendung zu bringen.

Es ist in der Tat die reine Wahrheit, dass ich es in der Politik niemals so weit gebracht hätte ohne meine Fähigkeit, etwas zu versprechen, ohne eine beweisbare Verpflichtung einzugehen, und am Ende war mein Nachbar also dabei.

Ich bat alle Anwesenden, mir in ihren Wagen zu folgen, wozu sie sich bereit erklärten – eine Notlage ist eine Notlage, und alle kennen den Unterschied zwischen einer von mir vorgetragenen Bitte und einem von mir erteilten Befehl. Im Gänsemarsch dem Heerführer nach erreichten wir die Rezeption und traten dann hinaus auf die Straße. Dort lehnten die Lastwagenfahrer an ihrem jeweiligen Fahrzeug, rauchten jeder eine Zigarette und machten verdrießliche Gesichter. Ich erklärte allen vieren, dass wir einen Abladeplatz gefunden hätten, befahl ihnen, mir zu folgen, holte mein Auto und fuhr los. Teile des Gemeinderates und der Verwaltung, die, die ich erreicht hatte, bildeten die Nachhut, und so rollten wir durch die Straßen wie eine Parade von Oldtimern, nur sehr viel diskreter.

Ejnar, ja. Wo steckte der in diesen ersten Stunden, nachdem die Katastrophe über uns hereingebrochen war? Offenbar nirgendwo. Ich lief natürlich zu seinem Zimmer in dem abgelegenen Gang, sowie mir das Problem bewusst geworden war, dort musste ich jedoch feststellen, dass er verschwunden war. Ansonsten sah alles aus wie sonst, der Schreibtisch war aufgeräumt, Bücher und Ordner waren ordentlich in die Regale gestellt, und ein Paar verschlissener, jedoch sorgsam geputzter Hausschuhe stand nebeneinander unter einem Garderobenständer. Ein trübes Licht ruhte auf allem, obwohl es ein ungeheuer sonniger Tag war.

Wenn ich das richtig verstanden hatte, konnte man die Uhr nach Ejnar Svensson stellen, egal ob zur Sommer- oder Winterzeit, doch jetzt befand er sich aus irgendeinem Grund nicht auf seinem Posten. Vielleicht war das der erste Hinweis auf die Metamorphose, die er später durchmachen würde, aber in diesem Augenblick war nichts zu machen. Ich versuchte, ihn anzurufen, landete indes allerdings nur bei einem Anrufbeantworter, der mit Ejnars Stimme mitteilte, er sei gerade nicht zu erreichen und werde zurückrufen, wenn ich nur Namen und Telefonnummer hinterließe. Was ich auch tat. Ich erklärte, worum es ging, verlangte eine Erklärung und bat Ejnar eindringlich, sich am nächsten Morgen unverzüglich in meinem Büro einzufinden.

Danach wurden die Maßnahmen ergriffen und der Krisenplan ausgeführt, die ich oben beschrieben habe. Notversammlung. Entscheidung für die Scheune und Wagenkarawane zu derselben.

Ich, die vier Lastwagen und die besagten Angehörigen von Gemeinderat und Verwaltung erreichten den Bauernhof gegen sechs Uhr abends. Die Scheune hatte aus naheliegenden Gründen nicht für ihre neue Aufgabe vorbereitet werden können, doch mein Nachbar hatte geistesgegenwärtig doch eine Runde mit dem Besen gemacht, während seine Gattin mit einem Putzlumpen über die schlimmsten Stellen gewischt hatte, und außerdem war die Scheune ein solides Bauwerk. Die Wände würden dicht halten, und die Klopapierrollen waren in Einheiten zu je zwölf Rollen eingeschweißt, was, wie wir annahmen, Feuchtigkeit und andere schädliche Einflüsse draußen halten würde.

Wir waren bis in die Nacht hinein am Werk. Die vier Lastwagenfahrer fluchten natürlich gewaltig, als ihnen aufging, dass sie so bald nicht weiterfahren könnten, da kein professionelles Ablade- und Schleppteam zur Verfügung stand. Auf die Idee, selbst mit anzupacken, kamen sie nicht. Dafür wurden sie nicht bezahlt. Es gab gewerkschaftliche Beschlüsse und Regeln, die eingehalten werden mussten, und alle Angebote der Vergütung aus der Gemeindekasse stießen auf taube Ohren.

Mit meiner bewährten Menschenkenntnis kam ich bald zu dem Schluss, dass wir keine Zeit mit ihnen vergeuden, sondern lieber anderweitig verhandeln sollten, genauer gesagt, mit der Gattin meines Nachbarn. Wir einigten uns stillschweigend auf ein schlichtes Geschenk, und sie erbarmte sich des Quartetts und bot ihnen Bier und einen kleinen Imbiss an. Da ließen sie dann den lieben Gott einen guten Mann sein, während wir anderen, Frauen wie Männer, in der Scheune ordentliche Reihen aus Klopapier aufstapelten. Es war ein Bild für die Götter – eine Frau von den Gemäßigten, die ihre Stöckelschuhe beiseitewarf und sich die fünf Nummern zu großen Gummistiefel des Bauern auslieh, einer von den Linken, der die Internationale summte, ein ansonsten eher geduldeter Rechtsextremer, der nun für König und Vaterland zulangte, unser kleiner Vertreter von den Liberalen mit den hängenden Schultern, der sich als unermüdlicher Malocher erwies, und eine freundliche Christdemokratin, die wie ein ganzer Mann schuftete, entschuldigen Sie bitte den Ausdruck.

Und als wir nach mehreren Stunden endlich fertig waren, waren wir verschmutzt und verschwitzt, aber überaus zufrieden. Das Toilettenpapier füllte die Scheune in ordentlichen Stapeln fast bis zur Decke, wir hatten sie aufgetürmt, indem wir eine Kette bildeten und die Pakete weiterreichten, bis zu dem, der ganz oben auf der Leiter stand. Die Arbeit war von lustigen Sprüchen begleitet worden, im Stil von »da spielen wir ja mal eine tragende Rolle«, oder »Papier ist geduldig«. Das war alles sehr unterhaltsam, und auch ich lachte ein- oder zweimal herzlich. Die Fahrer kamen heraus auf den Hofplatz, murmelten einen Dank, sprangen in ihre LKW und fuhren los, einer hinter dem anderen her. Der Konvoi steuerte Richtung Horizont, bog auf eine kurvenreiche Straße ab und war nicht mehr zu sehen. Das Letzte, was wir registrierten, waren ein rotes Rücklicht und ein Arm, der sich aus einem Fenster streckte und langsam zum Abschied winkte. Ich weiß noch, dass die Fahrer ziemlich zufrieden aussahen, als sie sich hinters

Lenkrad setzten. Nun hatten sie etwas zu erzählen, und der Imbiss hatte offenbar gut geschmeckt.

Wir gingen also erschöpft, doch auch glücklich auseinander, geradezu ein bisschen euphorisch. Es ist befriedigend für einen Politiker, etwas Konkretes zu tun, sozusagen im übertragenen wie im physischen Sinn die Ärmel aufzukrempeln. Niemand konnte behaupten, wir täten für Vallerås und dessen Bevölkerung nicht, was wir konnten, und das noch dazu in vorbildlicher, parteiübergreifender Zusammenarbeit. In diesem Geiste dankten wir einander von Herzen, und alle machten sich nach einem wohlverrichteten Tagewerk auf den Weg.

Ich selbst war ungefähr eine halbe Stunde später zu Hause, wurde von meiner Frau empfangen, duschte mir den Staub von Scheune und Klopapierverpackungen ab und verzehrte die Mahlzeit, die meine Frau in ihrer Güte warmgestellt hatte. Ein Bier gönnte ich mir ebenfalls. Meine Frau lauschte mit großem Entzücken meinem Bericht über die Geschehnisse von Nachmittag und Abend und brachte mit fröhlichen kleinen Zwischenrufen ihre Zustimmung zum Ausdruck, wie alle Probleme gelöst worden waren.

Dann gingen wir schlafen, und mein letzter Gedanke, ehe ich die Lampe ausknipste, war, dass Ejnar an diesem Abend nicht zurückgerufen hatte. Einige Minuten lang war ich besorgt, dass ihm wirklich etwas zugestoßen sein könnte. Dann erinnerte ich mich daran, dass ein guter Nachtschlaf das beste Heilmittel gegen innere Unruhe ist, und in der ganzen Nacht träumte ich deshalb weder von ihm noch von einlagigem grauem Klopapier oder von etwas anderem.

Kapitel 2

Am folgenden Morgen stand Ejnar um Punkt neun vor meiner Tür – Tatsache ist, dass wir gleichzeitig dort eintrafen. Das Bleiche, Durchscheinende an ihm war einer gewissen Röte an Wangen und Hals gewichen, und er klammerte sich an seine Aktentasche wie an einen Rettungsring. Ich bat ihn herein, bot ihm Kaffee an, den er zuerst ablehnte, dann aber annahm, und danach verlangte ich von ihm eine Erklärung für das Vorgefallene.

Er brachte seine Zerknirschung zum Ausdruck und gab ohne Umschweife alles zu, als hätte er ein grauenhaftes Verbrechen begangen. Seine Hände zitterten dermaßen, dass der

Kaffee überschwappte, während er stotternd eingestand, dass alles seine Richtigkeit habe. Er hatte sich mit den Einheiten geirrt, und folglich war die Bestellung vollkommen korrekt. Ein Rückgaberecht bestand auch nicht, er bezahlte nie den Extrapreis für eine solche Garantie, wenn das nicht nötig war, und damit hatte er doch nicht gerechnet, da es sich nur um eine Probierportion Toilettenpapier handeln sollte. Der Irrtum lag bei ihm und nur bei ihm, und nun war er bereit, die Konsequenzen seines Handelns zu tragen.

Er hatte offenbar die ganze Nacht wach gelegen und sich darüber den Kopf zerbrochen, wie er die Sache in seiner Buchführung unterbringen sollte, ob die Anschaffung als Investition verbucht oder als Verlust abgeschrieben werden könnte, aber er war zu dem Schluss gekommen, dass eine solche Trickserei unter seiner und unter der Würde der Gemeinde lag. Weshalb er persönlich für die Katastrophe einstehen musste, auch wenn er zur Stunde noch nicht wusste, wie. Seine Ersparnisse würden bei Weitem nicht ausreichen, um die Schulden zu begleichen, aber er könnte versuchen, seine kleine Wohnung zu beleihen. Bedeutete das, dass er …?

Dann verstummte er. Ejnar Svensson konnte diese entsetzliche Frage nicht über die Lippen bringen. Ob es bedeutete, dass er seinen Arbeitsplatz verlieren würde.

Und in diesem Moment begriff ich, dass es für Ejnar Svensson nicht darum ging, seine Stelle behalten zu dürfen. Für Ejnar Svensson ging es um seine *Berufung*, um seine ganze Existenz. In einem Wortschwall bestätigte Ejnar diese meine Erkenntnis, und mir wurde bewusst, dass er seit zwanzig Jahren für die Gemeinde gearbeitet hatte, oder gar seit dreißig, hier lässt mich mein Gedächtnis im Stich.

Das Beste für die Gemeinde zu geben, für die Bewohner, das war sein erster Gedanke, wenn er morgens erwachte, und sein letzter Trost, wenn er sich schlafen legte. Das war es, was seinem Leben Sinn und Ziel gab. Vielleicht übertreibe ich hier ein wenig, lege Ejnar Svensson möglicherweise Worte in den Mund, die er niemals ausgesprochen hat. Aber das war die Bedeutung seiner Rede, das überraschte mich, und, das muss ich gestehen, ich war auch ein wenig gerührt. Wo findet man denn heutzutage noch ein solches Engagement für das Gemeinwohl? Wo, in den inneren und äußeren Sphären der Politik, gibt es Menschen, die in aller Stille ihre Arbeit leisten, statt den Medien kompromittierende Informationen zuzuspielen? Wo, in diesen selbstsüchtigen Zeiten, findet man Personen, die begreifen, dass es kein Selbstzweck ist, im Rampenlicht zu stehen, und die deshalb ihr Material gerne dem überlassen, der es in der Öffentlichkeit am besten präsentieren kann?

Ich sprach ihm sofort beruhigend zu. Einen Fehler können wir alle einmal begehen, und dieser war sicher nicht schlimmer als andere. Das Ganze war ohne Vorsatz und ohne die Absicht, sich selbst zu bereichern, geschehen. Außerdem, wenn man es sich richtig überlegte, hatte die Sache auch gewisse Vorteile. Das Produkt, um das es ging, war absolut konjunkturunabhängig und würde immer gebraucht werden. Es ließ sich sowohl für kleine als auch für große Belange anwenden, und die Nachfrage war in unsere Gene einprogrammiert, bei Oben und Unten, in wahrem demokratischen Geist. Sommers wie winters, bei Kälte wie bei Hitze, wirtschaftlich guten wie schlechten Zeiten, tagaus, tagein, würde der Verbrauch an Klopapier in Vallerås ungefähr derselbe sein. Und niemand brauchte jetzt noch daran zu denken, demnächst Nachschub zu bestellen, das würde Ressourcen freisetzen.

Kurz gesagt, es war die Lösung des Problems, es nicht als Problem zu betrachten, sondern es zu *nutzen*.

Die Frage der Lagerung war außerdem bis auf Weiteres gelöst, also war de facto nichts passiert. Ejnar musste sich daher wegen eventueller Folgen keine Sorgen mehr machen, sondern konnte wieder an seinen Platz zurückkehren und seine Zeit anderen Dingen widmen. Niemand von Gemeinderat oder Verwaltung würde ihm wegen dieses Versehens künftig mit Misstrauen begegnen, darüber bestand breite politische Einigkeit. Er konnte sich also sicher fühlen.

Ejnar hörte aufmerksam zu und nahm während meines kleinen Vortags einen Teil seiner früheren Färbung wieder an. Das heißt, in seinem Fall war es ja umgekehrt. Die leichte Röte, die er bei seinem Eintreffen gezeigt hatte, verschwand umso mehr, je ruhiger sein Atem wurde. Als ich aufhörte, war er wieder sein bleiches, fast durchscheinendes Ich. Er stammelte einen Dank, stellte die Kaffeetasse auf den Tisch und schlich aus dem Raum. Ich selbst setzte mich an den Schreibtisch und dachte, es sei ein Scheißleben, Politiker zu sein, aber manchmal doch recht angenehm, und dann folgte ich Ejnars Beispiel und widmete mich meiner eigentlichen Arbeit.

Natürlich wurde an jenem Tag und vielleicht auch noch am Tag darauf auf den Gängen heftig getuschelt, aber dann geriet die ganze Sache in Vergessenheit. Politische Skandale sind zumeist Eintagsfliegen, und hier gab es im Grunde ja nicht viel zu holen. Gewiss spielte es auch eine Rolle, dass niemand im Rathaus irgendeinen Grund hatte, Ejnar Svensson zu schaden.

Die Sache wurde erst wieder zum Diskussionsthema, als das Klopapier eines schönen Tages im April auf unseren gemeindeeigenen Toiletten auftauchte. Irgendwann war der alte Vorrat aufgebraucht gewesen, und es war an der Zeit, den neuen anzubrechen. Ohne ins Detail gehen zu wollen, kann man doch sagen, dass es hier und da zu Missstimmung kam, sowohl beim Anblick als auch bei der Benutzung der grauen Rollen.

Doch auch diesmal legte sich das Getuschel ziemlich bald wieder. Ich gewöhnte mir an, vor dem eigentlichen Akt das Einlagige so zusammenzuknüllen, dass die Oberfläche etwas weicher wurde, und ich gehe davon aus, dass die Kollegen ähnliche Techniken entwickelten. Über solche Dinge wird am Kaffeetisch schließlich nicht gern geredet, und man beschwert sich eigentlich auch nicht darüber.

Wobei, das entspricht nicht ganz der Wahrheit. Wir hatten doch ein etwas aufsässiges Bürschlein, das sich über die Qualität unseres neuen Papiers beklagte. Selten habe ich unsere Politiker so einig erlebt, und dem Bürschlein wurde geraten, seine eigenen Wischutensilien mitzubringen, wenn ihm unsere nicht gefielen, das sei sein gutes Recht. Das Bürschlein verschwand übrigens nicht lange danach aus dem Gemeinderat und wurde von niemandem vermisst, nicht einmal von seinen eigenen Parteikollegen.

Auch aus dem Rest von Vallerås, wo das neue Klopapier zu gegebener Zeit ebenfalls zur Anwendung kam, liefen keine direkten Klagen ein. In unserem Seniorenheim gab und gibt es sehr viel dringlichere Probleme, das wissen die Götter. Personalmangel, Zugang zu gesunder, nahrhafter Kost, rasche medizinische Versorgung, das alles waren Dinge, denen ein deutlich größeres Interesse galt als unseren neuen Rollen. Die Älteren gehören zudem einer Generation an, die viel Schlimmeres erlebt hat, nicht nur, was Toilettenpapier angeht, sondern in Bezug auf sanitäre Verhältnisse ganz allgemein.

Wenn man zum Beispiel je auf einem Plumpsklo gesessen hat – und das habe ich, zumindest in meinen jungen Jahren und auf dem Lande –, klagt man nur ungern über eine Rolle Papier, weil sie nur eine Lage besitzt. Man wischt sich ab und schweigt. So einfach ist das.

In Kita und Schule war es ebenso. Kleine Kinder jammern nicht über die Papierqualität, und Jugendliche haben viel brennendere Sorgen. Hier toben die Hormone und finden anderswo ihren Auslauf. Übrigens ist in dem Alter das meiste beschissen, und da spielt die Qualität des Klopapiers wirklich keine Rolle mehr. Die Schulleitung klagte zwar darüber, dass einzelne Rollen in die Toiletten gestopft würden, was zu Verstopfungen führte, und verlangte Schadenersatz. Aber das hatte, wie wir erklärten, nichts mit der Qualität des Papiers zu tun, sondern mit der allgemeinen Lust an Sabotage und dem Wunsch, durch zerstörerische Akte die allgemeine Ordnung zu unterminieren. Solchem Treiben musste sofort ein

Ende gesetzt werden, und als wir uns die Vandalen geschnappt hatten, war niemand von uns bereit, das Klopapier als mildernden Umstand zu betrachten.

Vielleicht sollte, ehe ich mich der weiteren Entwicklung zuwende, noch erwähnt werden, dass wir in seltenen Fällen gewisse Ausnahmen machten. Wenn wir besonders hohen Besuch erwarteten, zum Beispiel eine Delegation aus dem Ausland oder einen Interessenten für eine mögliche Firmengründung, konnte es passieren, dass wir uns aus dem nächstgelegenen Laden ein oder zwei Rollen von besserer Qualität kommen ließen und damit die Toiletten bestückten, die unsere Gäste aller Wahrscheinlichkeit nach aufsuchen würden. Nach vollbrachter Tat tauchten die alten Rollen wieder auf, und das alles geschah mit einer Selbstverständlichkeit und Anpassungsfähigkeit, die ich nicht anders nennen kann denn vorbildlich.

Jahre zogen ins Land. Vier. Sieben. Noch einige mehr. Kollegen kamen und gingen, immer neue Koalitionen wurden gebildet, Kompromisse eingegangen und Kooperationen in alle Richtungen geschlossen. Natürlich fielen ab und zu auch harte Worte, aber ich finde doch, dass diese Zeit von gutem Kameradschaftsgeist und Verständnis untereinander geprägt war. Zudem muss darauf hingewiesen werden, dass Lokalpolitiker eher daran interessiert sind, für den Ort, an dem sie wohnen und wirken, Dinge durchzusetzen, als sich vor den Augen des ganzen Landes oder von mir aus der ganzen Welt auf irgendeine Weise hervorzutun. In dieser Haltung verrichtete ich meine Arbeit und fühlte mich wohl dabei.

Außerdem wurde ich immer wiedergewählt. Bei einer Wahl nach der anderen wurde ich im Amt bestätigt und galt seit vielen Jahren als Garant für die politische Stabilität von Valleräs. Mein erwähnter Pragmatismus geht nämlich Hand in Hand mit einem gewissen Überlebensinstinkt. Meinen Erfolg verdanke ich diesem Umstand sowie der Tatsache, dass ich nicht den Drang hatte, mich mit unseren Erfolgen in der Gemeinde zu brüsten. Handeln, nicht reden, das ist meine Devise. Wenn unsere Landespolitiker im Parlament sich ein Beispiel an mir nähmen, würden sie nachts sehr viel besser schlafen.

So saß ich also sicher in meinem Amtssessel. Ich diente weiterhin den Einwohnern von Vallerås, genau wie unser graues, einlagiges Klopapier.

Wir benutzten selbiges Papier nun im zehnten Jahr, und alle nahmen das übrigens so selbstverständlich, dass es niemals wieder zu irgendwelchen Debatten führte. Vermutlich hätten wir es irgendwann aufgebraucht und neues angeschafft, ohne dass unsere Geschichte bekannt geworden wäre, hätte nicht das schwedische Fernsehen einen redaktionellen Entschluss gefasst. Die Sendereihe »Forschungseinsatz« beschloss nämlich, die öffentlichen Ausgaben in unserem lang gestreckten Land unter die Lupe zu nehmen.

Plötzlich war entdeckt worden, welche entsetzlichen Geldmengen man in allen Ecken des Königreichs aus dem Fenster warf und wie die Menschen dazu verleitet worden waren, die schlichtesten Grundgüter und Dienstleistungen für wahnsinnige Summen zu kaufen. Hier waren Millionen von Kronen für schnödes Streusalz ausgegeben worden, dort hatte man für gigantische Beträge Feuchttücher angeschafft, an anderer Stelle waren Fassadenfarbe und Baugerüste und, entschuldigen Sie den Kraftausdruck, der Teufel und seine verdammte Großmutter – und Klopapier – für Summen eingekauft worden, bei denen die Öffentlichkeit empört den Kopf schüttelte.

Etliche Lokalpolitiker und Beamte fanden sich mit bis auf die Knöchel heruntergelassenen Hosen vor dem wütenden Pöbel wieder. Dass sich allesamt neben ihrem ungehörigen Benehmen auch noch in die eigene Tasche gearbeitet hatten, kam nämlich ebenfalls an den Tag. Gutscheine für den staatlichen Alkoholladen. Reisen nach Mallorca, Hotelübernachtungen und anderes, was die Allgemeinheit in gerechtes Zornesbeben versetzte. Der Skandal war zur Tatsache geworden. Und nun kamen wir ins Spiel. Der Sender hatte bei etlichen Gemeinden angerufen und um Einblick in die kommunale Buchführung gebeten, was die dafür Zuständigen natürlich zittern ließ wie Espenlaub. Mit Ausnahme des Sachbearbeiters in Vallerås, Ejnar Svensson. Meine Vermutung ist, dass das kleine Vallerås mit seinen 5000 Einwohnern für »Forschungseinsatz« gar nicht sonderlich interessant war. Aber per E-Mail war eine Anfrage an eine große Zahl schwedischer Gemeinden versandt worden, und die, die antworteten, wurden als Erste aufgesucht.

Ejnar Svensson antwortete nicht nur. Er lieferte eine vollständige Aufstellung über die verschiedenen Anschaffungen der Gemeindeverwaltung, wobei das Klopapier auch einen Posten darstellte. Das war nur logisch. Jeder Ort braucht Toilettenpapier, und folglich war es ein Produkt, anhand dessen sich die einzelnen Gemeinden vergleichen ließen. Der zuständige Reporter nahm also sämtliche Auskünfte entgegen und studierte die Zahlenkolonnen aufs Sorgfältigste. Und schon nach wenigen Tagen meldete er sich ein weiteres Mal.

Es stellte sich nämlich heraus, dass in Vallerås nicht nur verantwortungsbewusst gewirtschaftet wurde. Wir hatten zudem an dem Handel ordentlich verdient. Im Laufe der Jahre hatten die Preise für Forst- und Holzprodukte kräftig angezogen, was auch den Preis von Klopapier beeinflusst hatte. Zudem waren wir umweltmäßig unserer Zeit voraus gewesen, dann das Papier war nicht nur nicht gefärbt, sondern zudem auf Recyclingbasis produziert worden. Wir hatten uns also ökologisch verhalten, als dieses Wort noch längst nicht in Mode gekommen war.

Vallerås hatte nicht weniger als eine halbe Million Kronen Gewinn eingestrichen – oder genauer gesagt eingespart, indem wir vor einigen Jahren in großem Stil und umweltfreundlich eingekauft hatten. Was uns zu allem Überfluss auch noch zu Pionieren machte.

In diesem Zusammenhang wurde darauf hingewiesen, dass Toilettenpapier normalerweise nicht das meistdiskutierte Produkt darstellt, was vielleicht einer gewissen Diskretion geschuldet ist. Aber sein Verbrauch ist ein größeres Problem, als es dem kleinen Mann und der kleinen Frau bewusst ist, und »Forschungsauftrag« zögerte nicht, aufsehenerregende Fakten zu präsentieren.

Mit einem Pro-Kopf-Verbrauch von circa 15 Kilo Toilettenpapier im Jahr lag Schweden zwar über dem europäischen Durchschnitt von acht Kilo, aber weit hinter dem Spitzenreiter USA, der es auf an die 22 Kilo brachte. Konsum indes ist Konsum, und Material ist Material. Sollte es weich und flauschig sein, wurden neue Fasern benötigt, und das für ein Papier, das nicht wiederverwertet werden konnte, sondern dem nur ein kurzes, trauriges Dasein beschieden war. Anders bei uns in Vallerås, wo das Papier aus recyceltem Zeitungs- und Büropapier gewonnen worden war. Worauf wir, so das Fernsehen, schon bei der Anschaffung unseres Vorrates »aufgrund unserer Erkenntnisse Rücksicht genommen hatten«, und zwar bereits vor nicht weniger als zehn Jahren.

In der Sendung wurden wir aufs Heftigste gelobt, und die Reaktionen ließen nicht auf sich warten. Ejnar Svensson war bei den Aufnahmen dabei, und in den Minuten, in denen er im Bild zu sehen war und auf die Fragen des Reporters antwortete, hatte er sogar ein wenig

Farbe im Gesicht. Offen und ehrlich gab er die in Valleräs angestellten Überlegungen wieder, wenn es um Anschaffungen ging, und kein einziges Mal ließ Ejnar durchblicken, dass seine eigene Vortrefflichkeit zu diesem einträglichen und moralisch korrekten Resultat geführt hatte. Stattdessen zollte er seinen Kollegen und den Lokalpolitikern Ehre und Erkenntnis auf eine Weise, die nur als sympathisch bezeichnet werden kann.

Ich persönlich hätte Ejnar eigentlich nicht zugetraut, sich so virtuos den Kameras zu stellen, und wenn ich ehrlich sein soll, und das will ich natürlich, war ich anfangs ein wenig irritiert, weil ich nicht selbst auftreten durfte, wobei ich formal gesehen ja gar nicht Ejnars Chef war. Aber schon bald hob sich meine Stimmung. Ejnar leistete vor den Kameras hervorragende Arbeit und war so großzügig, immer wieder meinen Namen zu nennen. Und wie ich bereits erwähnt habe, gibt es für eine

Gemeinde keine bessere Reklame, als wenn ein wichtiger Politiker sich eben nicht zu den Mikrofonen vordrängt, sondern sich gelassen in seinem Sessel zurücksinken und andere die Arbeit tun lässt.

Irgendwo gab es natürlich auch die Angst, dass, wenn Ejnar Svensson zu viel der Ehre für sich reklamierte, der wahre Sachverhalt ans Licht kommen könnte. Dass alles auf einem Missverständnis beruht hatte. Aber dazu kam es nie. Ich glaube, uns war allen klar, dass das sämtliche Beteiligte in ein schlechtes Licht rücken würde, denn Skandale sind das eine, doch kein Politiker erholt sich je davon, lächerlich gemacht worden zu sein. Man will sich nicht einmal vorstellen, wie die Wahrheit in Karikaturen, Klowitzen und satirischen Fernsehsendungen dargestellt und verzerrt worden wäre.

Plötzlich tauchte Vallerås in jeder Nachrichtensendung auf, die diesen Namen verdient. Radio, Zeitungen, andere Fernsehprogramme – alle interessierten sich für uns und schenkten uns eine nie da gewesene Aufmerksamkeit. Unsere Buchführung wurde abermals durchgesehen, von böswilligen Personen, die allem und jedem gegenüber Misstrauen hegten, doch abermals strahlten wir in tadellosem Glanz, dank Ejnars Einkaufspolitik, seiner Finanzpolitik und so weiter und so fort. Uns konnte einfach nichts vorgeworfen werden.

Ejnar war ein Erfolg. Vallerås war ein Erfolg.

In den sozialen Medien wurden in immer größerem Maßstab Artikel über Ejnar geteilt, und er wurde als Vorbild dargestellt, als jemand, auf den man Hoffnung und Vertrauen setzen konnte, wenn alles andere korrupt und trügerisch erschien. Kurz gesagt, man konnte wieder das Gefühl haben, dass Schweden nicht verloren war, solange es dort Menschen gab wie Ejnar Svensson. Und die Tatsache, dass er ein solcher Antiheld war, machte ihn zu dem, was er niemals hatte sein wollen: zu einem Helden.

In denselben Medien wurde nun auch versucht, ein Bild von Ejnars Vorleben zu zeichnen. Doch da war nicht viel zu holen. Eine unauffällige Jugend in einem kleinen Ort im Binnenland, ehrliche und strebsame Eltern, die nicht mehr am Leben waren, keine Geschwister, nur etliche entfernte und nicht weiter spektakuläre Verwandte. Das, was normale Menschen eben kennzeichnet. Ehemalige Schulkameraden wurden befragt, waren allesamt der beste Freund von Ejnar Svensson gewesen und betonten, dass Ejnar schon damals ein wunderbarer Junge gewesen sei, der sich immer für seine Kameraden einsetzte und keiner Fliege je etwas zuleide getan hätte. Schon gar keiner Fliege übrigens, denn schon als Knabe hatte er sich durch ein glühendes Interesse an der Umwelt ausgezeichnet. Er war schließlich bei den Pfadfindern gewesen.

Es meldete sich auch hier und da eine Frau zu Wort und behauptete, für längere oder kürzere Zeit mit Ejnar zusammen gewesen zu sein, wobei sich jedoch niemals eine ernsthafte Beziehung entwickelt habe. Es wurde nie gesagt, ob Ejnar oder die Betreffende Schluss gemacht hatte, aber es kam auch niemals etwas an den Tag, das Ejnar in ein schlechtes Licht gerückt hätte.

Tatsache ist, dass sowohl alte Freunde als auch mögliche Verflossene anscheinend das gleiche Problem hatten wie ich und viele andere. Das Gefühl, es mit einem fast durchscheinenden Menschen zu tun zu haben, der im wahrsten Sinne des Wortes im Verborgenen wirkte. Es lag zum Beispiel auf der Hand, dass Ejnars bleiche Hände offenbar niemals auf einem auch nur im geringsten ungehörigen Körperteil des schönen Geschlechts gelandet waren.

In den sozialen Medien wurde Ejnar dann

erstmals mit dem Beinamen »Klopapierkönig« belegt. Eine geistreiche Kommentatorin brachte diesen Namen in einer Sonntagskolumne unter, sie meinte, Ejnar Svensson stehe für alles, was wir uns von dem Mann der neuen Zeit wünschen könnten. Jemand, der seine Arbeit nicht tat, um sich daran zu bereichern, und dem es nicht um ein paar Likes ging, sondern um Vallerås, seine Gemeinde, seinen Arbeitsplatz.

Diese Kolumne verbreitete sich im Netz wie ein Lauffeuer, und der Beiname blieb haften. Ejnar wurde zu ganz Schwedens Klopapierkönig. In unserem Rathaus lachten wir ein wenig über diesen Spitznamen, aber wenn Ejnar auf dem Gang auftauchte, was nun etwas häufiger der Fall war, konnte er mit wohlwollendem Schulterklopfen und aufmunternden Zurufen rechnen, ehe er sich zu einem weiteren Interview in einen Besprechungsraum begab. Im Übrigen stürzten wir nicht mehr los, um zweilagiges Toilettenpapier zu kaufen, wenn Gäste von auswärts erwartet wurden. Damit hätten wir doch unser ganzes Image ruiniert.

Kapitel 3

Wie ging nun aber Ejnar mit diesem gewaltigen Interesse von Medien und Allgemeinheit um? Der Mann, der lieber einsam mit seinen Tabellen und seiner Butterbrotdose in seinem Büro saß. Was machte es mit ihm, dass er von einem Tag auf den anderen der Welt und Wirklichkeit in Form von Interaktion mit anderen Menschen ausgesetzt war?

Ehrlich gesagt, überraschend wenig. Anfangs jedenfalls nicht.

Er schien sich jedes Mal, wenn er einen Reporter treffen sollte, seine Konturen anzuheften, sich einen Schatten an die Hacken zu hängen und zu einem Menschen aus Fleisch und

Blut zu werden. Die Farbe kehrte in sein Gesicht zurück, und man konnte sogar den Verdacht haben, dass er sich in der Situation und beim Interview wohlfühlte. Er drückte sich gekonnt aus, stotterte durchaus nicht so wie damals, als er sein, entschuldigen Sie den Ausdruck, »Bestellungsvergehen« eingestanden hatte, vor so vielen Jahren in meinem Amtszimmer. Damals hatte er ja aber auch um sein Leben gefürchtet. Das heißt, um sein Berufsleben, aber das war ja im Grunde ein und dasselbe. Jetzt hatte er sicheren Boden unter den Füßen. Und konnte die Zahlen sprechen lassen.

Aber als die Aufmerksamkeit nachließ, was sie ja immer tut, war er keiner, der deshalb trauerte. Er kehrte in sein Büro zurück, wurde ebenso vage wie eh und je, und wer vorüberging, konnte ihn dort wie stets sitzen sehen, über seine Papiere gebeugt oder mit konzentrierter Miene den Bildschirm anstarrend. Eine Aufwertung in Form eines gepflegteren Äußeren hatte es auch nicht gegeben. Er hatte zwar in ein oder zwei Hemden investiert, aber die Aktentasche war dieselbe, ebenso wie sein Mantel.

So verging die Zeit. Die Interviewanfragen wurden seltener und verebbten schließlich ganz. Medien und Allgemeinheit fanden neue Menschen, die sie erheben oder erniedrigen konnten. Wir nahmen alles mit stoischer Ruhe hin. Die Geschehnisse hatten uns ins Licht der Öffentlichkeit gerückt, und wir wurden um einiges respektvoller empfangen, wenn wir es mit Vertretern von Firmen oder Landespolitikern zu tun hatten. Tatsache ist, dass wir, wenn jemand von uns Stockholm und das Parlament besuchte, es uns angewöhnten, uns immer mit lauter Stimme nach der nächstgelegenen Toilette zu erkundigen. Das konnte selbst dem hartgesottensten Politiker weiche Knie bescheren.

Es wurde sogar gemunkelt, dass nun auch in Stockholm die Vallerås-Methode angewandt wurde – das Austauschen des Toilettenpapiers –, dort allerdings umgekehrt. Wenn man irgendeinen umweltbewussten Besuch erwartete, wurde das weiche zweilagige durch schlichtere Varianten ersetzt. Ein Parlamentsabgeordneter kann da einfach nicht vorsichtig genug sein. Die Frage: »Was nehmt ihr im Reichstag eigentlich für ein Klopapier?«, wurde mit der Zeit zu einer Art geflügeltem Wort, denn es war so viel mehr als eine einfache Frage nach ebendiesem Sachverhalt.

Hier möchte ich nun noch einflechten, dass die Firma, die unser nunmehr so berühmtes Klopapier hergestellt hatte, sicher ebenso großen Nutzen aus der Aufmerksamkeit hätte ziehen können wie wir. Leider war dieser Firma ein trauriges Schicksal beschieden gewesen, und das nur wenige Jahre, nachdem Vallerås dort seine Bestellung aufgegeben hatte. Das engagierte Geschwisterpaar, das die väterliche Fabrik übernommen und sich an umweltfreundlichen Produkten versucht hatte, war, wie so viele Idealisten, seiner Zeit voraus gewesen. Der Absatz war minimal gewesen, deshalb der geringe Aktionspreis, der Ejnar verlockt hatte. Diese Kampagne aber hatte nichts gebracht, und weder Umsatz noch Gewinnspanne hatten weitere Aktivitäten gerechtfertigt.

Inzwischen war die Fabrik stillgelegt worden, und die Geschwister waren getrennt, der Bruder verschollen in Stockholms Digitalisierungsdschungel, die Schwester verheiratet und in der Schweiz tätig. Die Presse machte beide ausfindig, und sie freuten sich natürlich über die verspätete Anerkennung, erklärten aber, dass für sie die industrielle Produktion ein abgeschlossenes Kapitel sei. Dass ihr Vater sich gefreut hätte, davon könne man ja ausgehen, aber nun sollten leistungsstärkere Produzenten den Staffelstab übernehmen. Verspäteter Respekt war jedoch auch Respekt. Genau das schrieb ich ihnen auf dem schönsten Briefpapier mit dem Wappen der Gemeinde, als ich ihnen aus Valleràs von Herzen dankte und ihnen alles Gute wünschte.

Wir waren alle mehr oder weniger zu unserem Alltagsleben zurückgekehrt, als etwas passierte. Etliche Forschungsberichte mit beunruhigender Übereinstimmung wurden veröffentlicht, und alle wiesen in dieselbe Richtung. Um das Klima stand es schlimmer als bisher befürchtet, und zu den Risikofaktoren gehörten der Wald und die menschliche Ausbeutung unserer grünen Lunge.

Große Waldgebiete in aller Welt waren von Abholzung und Verwüstung bedroht, was zur Beschleunigung der globalen Erderwärmung beitrug, die viele schon jetzt sehr beunruhigte. Die Alarmberichte wurden hochgepusht, und die Reaktionen der Öffentlichkeit ließen nicht auf sich warten.

Die Zahlen zum Verbrauch von Toilettenpapier pro Person und pro Land wurden hervorgeholt und versetzten die Leute abermals in Erstaunen. Wie war es möglich, dass so viele Tonnen Papier einfach hinuntergespült wurden, und war das wirklich ein würdiger Tod für unsere stolzen Bäume? Aufrufe grassierten, Unterschriftenlisten wurden überreicht, und wütende Aufwiegler sammelten sich in den Straßen, während die sozialen Medien schlicht formulierte Appelle verbreiteten, die ein allgemeines einstimmiges Gebrüll auslösten.

Und an einem stürmischen Sonntag im November begab sich eine Gruppe von Demonstranten vom Stockholmer Hauptbahnhof zum Parlamentsgebäude und skandierte rhythmisch ihre Forderungen nach baldigen Reaktionen und Maßnahmen. Zwischen Transparenten mit Slogans wie »Den Planeten retten«, »Emissionen stoppen«, »Waldfrevel« und »Verantwortung jetzt« befanden sich auch Plakate mit den Fotos von Menschen, die in dieser Hinsicht als Vorbilder galten.

Einer von ihnen war Ejnar Svensson.

Die Demonstranten waren hartnäckig und harrten auf dem Platz vor dem Parlament aus. Sie bildeten Ketten und Sitzkolonnen, sie hatten Schlafsäcke mitgebracht und übernachteten dort, sie stellten provisorische Zelte auf und bereiteten auf Spirituskochern ihre Mahlzeiten zu. Rauch und Kampfrufe stiegen zu den Wolken auf, Menschen strömten herbei, um sich anzuschließen, und am Ende bestand eine gewaltige Menschenmenge auf ihrem Bürgerrecht auf Unzufriedenheit. Zwischendurch war die Situation durchaus bedrohlich, und eine nicht zu verachtende Anzahl von Polizeifahrzeugen behielt die Vorgänge im Auge, für den Fall, dass es zu Ausschreitungen käme.

Proteste dieser Art sind ja, wie wir alle wissen, in unserem friedliebenden Land keine Alltagskost, denn wir ballen lieber eine Faust in der Tasche, lassen unserem Nachbarn gegenüber eine ärgerliche Bemerkung fallen und stapfen weiter durch den Schneematsch, in missmutiger Akzeptanz der Unveränderlichkeit allen Elends. In diesem Fall aber war es nicht so. Vielleicht war das der Grund, warum sich die ausländischen Korrespondenten im Land nun für die ganze Aktion interessierten. Ab und zu stelle ich mir vor, dass sich diese Korrespondenten etwas glühendere schwedische Kampfeslust wünschten, um brennendere Artikel für ihre Leser außerhalb von Schwedens Grenzen verfassen zu können. Aber wie gesagt, solche Gebete werden nur höchst selten erhört.

Nun jedoch bot sich die Gelegenheit, und sie berichteten, als ob es kein Morgen gäbe. Die schwedischen Proteste erreichten bald das deutsche und dänische Fernsehen, und von dort wurden sie an das übrige Nordeuropa sowie an Länder wie Frankreich und Italien weitergereicht, ja, sie gelangten sogar bis nach China. Auch in den USA war eine überraschende Reportage zu sehen. Möglicherweise lag das an der schwedischen Empörung darüber, welche gewaltigen Massen an Toilettenpapier das große Land im Westen pro Haushalt und Jahr verbrauchte. Die Amerikaner fanden jedoch, ausländische Mächte hätten sich da nicht einzumischen. Es sei schließlich eine rein inneramerikanische Angelegenheit, und es seien keine internationalen Abkommen unterzeichnet worden, *don't tell us what to do, my bathroom is my castle, American butts first* und so weiter.

In der Sache hatten die schwedischen Demonstranten allerdings recht, das konnte kein schlagkräftiges oder muskelprotzendes Argument verändern, nicht einmal jenseits des Atlantiks. Ähnliche Demonstrationen fanden nun überall in Europa statt, Menschenmengen, die sich durch die Straßen bewegten und zur Verteidigung der Wälder der Welt ihre Stimmen erhoben. Und auch hier waren Plakate mit dem Bildnis des Schweden zu sehen, der schon so früh gehandelt hatte, als andere noch gar nicht auf den Gedanken gekommen waren. Nämlich Ejnar Svensson aus Valleräs.

Das erste ausländische Reporterteam, das sich meldete, kam vom *Spiegel*. Ein Reporter, der gut Englisch sprach, wenn auch mit deutschem Akzent, bat, mit einem Fotografen nach Schweden kommen und ein Interview mit Ejnar Svensson machen zu dürfen. Sie wollten wissen, wieso ausgerechnet wir in Valleräs in unserer Planung so weitsichtig gewesen waren, wie wir generell das Vorgehen der Behörden in Bezug auf die Umwelt sähen und ob wir der deutschen Bevölkerung einen guten Rat zum Umgang mit Konsumgütern ganz allgemein geben könnten.

Ich begab mich zu Ejnar, der wie immer in seinem Zimmer saß und den Bildschirm anstarrte. Dort angekommen sagte ich meinen Spruch auf, erklärte, worum es ging, und fragte, ob er mitmachen würde. Jetzt im Nachhinein gebe ich gern zu, dass ihm nichts anderes übrig blieb. Man sagt nicht Nein, wenn der *Spiegel*, eine der wichtigsten Zeitschriften Deutschlands, mit einem ganzen Team zu einem Interview anreist, das Vallerås zweifellos in ungeheuer günstiges Licht rücken würde.

Genau wie alle anderen brauchten wir neue Arbeitsplätze, und wer weiß, welche deutschen Firmen unsere Gemeinde für einen perfekten neuen Standort halten würden. Ejnar begriff das ebenfalls und erklärte sich bereit, sich befragen zu lassen. Er sah allerdings nicht übertrieben begeistert aus. Er hatte eben erst mit heiler Haut einen Nachrichtensturm überlebt, und jetzt sollte er abermals in den Kampf geschickt werden. Wieder sollte er zum Klopapierkönig werden. Der *Spiegel* benutzte genau dieses Wort, »Klopapierkönig«, und mein Schuldeutsch reichte aus, um zu verstehen, was das bedeutete. Und Ejnars vermutlich auch.

Seine Begeisterung hielt sich also in Grenzen. Aber er stand vor einem *fait accompli*. Als das *Spiegel*-Team eintraf, saß er gut vorbereitet mit seinen Unterlagen in einem unserer Besprechungsräume. Ich setzte mich dazu, beschloss aber, mich nicht einzumischen, was die Deutschen offenbar zu schätzen wussten. Alles lief so glatt, wie man sich das nur wünschen konnte, Ejnar sprach ein akzeptables Englisch und konnte sogar eine einfache Unterhaltung in der Muttersprache der Gäste führen.

Als es dann Zeit für die Fotos wurde, schoss der Fotograf so ungefähr hundert Bilder aus allen erdenklichen Winkeln, und als er fertig war, seufzten Ejnar und ich erleichtert auf. Wir hatten uns jedoch zu früh gefreut, wie es sich nun herausstellen sollte. Der Fotograf fragte nämlich, ob es möglich wäre, Bilder von dem Ort zu machen, wo die vorbildlichen Waren aufbewahrt wurden. Der Beiname »der Klopapierkönig« wäre doch viel aussagekräftiger, wenn man Ejnar Svensson zusammen mit dem besagten Produkt verewigen könnte.

Ejnar warf mir einen verstohlenen Blick zu. Hier muss ich erwähnen, dass niemand von uns jemals die Wahrheit darüber erzählt hatte, was beim Einkauf unserer nunmehr immer bekannteren Rollen wirklich vorgefallen war, und ihren Aufbewahrungsort hatten wir auch nicht verraten. Es hatte uns allerdings auch niemand danach gefragt. Die Situation war nämlich die, dass das Toilettenpapier während all der Jahre in der alten Scheune meines Nachbarn gelegen hatte. Unser Nachbar hatte sich gern bereit erklärt, für einen kleinen Obolus seine Scheune so lange stehen zu lassen, wie sie benötigt wurde, und wir brauchten uns deshalb keine anderen Räumlichkeiten zu suchen. In einer Kommune gibt es immer dringlichere Angelegenheiten, um die man sich kümmern muss, und man gibt sich nicht gern Mühe, etwas zu ändern, das ohnehin funktioniert, nicht nur einigermaßen, sondern sogar hervorragend.

Sollten wir nun mit den deutschen Zeitungsleuten dorthin gehen? Ich überlegte. Kam endlich zu dem Schluss, dass es nichts schaden könnte. An der Scheune war nichts auszusetzen, sie lag zudem in schöner Natur, und das alles zeigte eigentlich nur noch mehr von Vallerås' Flexibilität und unser Streben, die vorhandenen Mittel zu nutzen, statt Geld für unnötige Neubauten zu vergeuden. Unmerklich nickte ich also Ejnar zu, der die Botschaft verstand und seine Zustimmung erteilte.

Wir machten uns nun auf den Weg, ich und Ejnar in meinem Auto und die Deutschen in ihrem Mietwagen hinter uns. Unterwegs rief ich meinen Nachbarn an, der gern seine Mitwirkung zusagte. Deutsche waren Deutsche, mein Nachbar fuhr einen Audi, trank gern Erdinger Weißbier und war ganz allgemein wohlwollend eingestellt. Als wir auf den Hof fuhren, standen Bauer und Bäuerin also auf dem Hofplatz bereit. Die Bäuerin begrüßte die Gäste mit einer gewissen Mühe, da sie ein Huhn unter den Arm geklemmt hatte, und der Bauer flüsterte mir in einem unbeobachteten Augenblick zu, dass sie das Federvieh gerade noch rechtzeitig aus der Scheune geholt hatten. Die Deutschen lehnten eine Tasse Kaffee dankend ab, und in geschlossener Formation begaben wir uns nunmehr in besagte Scheune.

Bisher hatte Valleràs etwas mehr als die Hälfte der Vorräte verbraucht, die Stapel waren also entsprechend reduziert, boten aber weiterhin einen beeindruckenden Anblick. Ejnar musste sich vor den Schätzen aufstellen, er musste sogar auf einen Stapel klettern, und der Fotograf verewigte das Ganze mit erfreuten Kommentaren. Nach einer halben Stunde war er dann zufrieden, und wir trennten uns in tiefstem Einverständnis.

Als der Artikel erschien, stellte es sich heraus, dass er sehr viel umfangreicher war, als wir erwartet hatten. Er füllte nicht nur mehrere Seiten, er zierte auch das Cover. Dort thronte Ejnar Svensson auf einem Stapel in Plastik eingeschweißter Klopapierrollen, und darunter stand in großen, fetten Lettern: »Der Klopapierkönig aus Schweden«. Die Reportage wurde am Schwarzen Brett des Rathauses sowie auf den dortigen Toiletten angebracht, damit alle Mitarbeiter von unserem Markenzeichen lesen und es gleichzeitig zur allgemeinen Zufriedenheit benutzen könnten. Besucher nickten beeindruckt, und Ejnar wurden wieder bewundernde Zurufe zuteil, wenn er sich ein seltenes Mal sehen ließ.

Ehe ich weitererzähle, sollte ich vielleicht eine kleine Überlegung anstellen. In diesem Zusammenhang kommt mir das wichtig vor, da meine Schlussfolgerungen schließlich den eigentlichen Kern im Ursprung der Geschichte, in ihrem Verlauf und dann, *alas,* in ihrem Ende bilden. Tatsache ist, dass ich im Laufe der Jahre mehrmals die Gelegenheit hatte, über diese Fragen nachzudenken, und in gewisser Weise tue ich das noch heute.

Was hatte Ejnar Svensson an sich, dass so viele ihn dermaßen ins Herz schlossen? Dass er zu einem solchen Vorbild und Idol wurde, zuerst in Schweden und später auch international?

Es wurden größere Anstrengungen für die Menschheit unternommen, als eine große

Menge Toilettenpapier zu bestellen, und auch wenn der Einkauf nach sorgfältigen finanziellen und umweltschützerischen Überlegungen getätigt worden wäre, wäre er doch nichts Weltbewegendes gewesen. Fleißige Arbeitsameisen schleppen jeden Tag Tannennadeln und Grashalme und werden dafür nicht mit Orden ausgezeichnet. Was die Welt sieht, ist nur ein beeindruckender Bau an einem schönen Waldrand, getaucht in Sonnenstrahlen und mit einem verspielten Wind im Gebüsch, doch der Kampf der einzelnen Ameisen für die Entstehung dieses Baus wird nicht in Balladen gefeiert, und es wird kein Heldenepos darüber verfasst.

Menschen in aller Welt haben auf lokaler Ebene und in den höheren Sphären der Macht Entscheidungen getroffen, die für sehr viel mehr Menschen sehr viel wichtiger waren. Schon möglich, dass wir durch besondere Umstände unserer Zeit voraus gewesen zu sein schienen, aber das waren auch andere gewesen, Forscher wie Laien, Politiker wie die Allgemeinheit. Woher also dieses gewaltige Interesse an einem farblosen Junggesellen namens Ejnar Svensson?

Ich hatte wirklich Gelegenheit genug, mir über diese Frage Gedanken zu machen, und bin zu dem Schluss gekommen, dass die Antwort bereits in der Frage enthalten ist. Warum wurde ein unspektakulärer Mensch wie Ejnar Svensson so in den Himmel gehoben, wegen einer im Grunde überaus belanglosen Tat? Eben, weil er so unspektakulär war. In einer Zeit, in der sich die Menschen hervortun wollen, indem sie herumschreien und mit ihren Taten protzen, sodass ihnen niemand entgehen kann, in der sie Bilder von sich im Gegenlicht posten, in der sie sich mit Coups und schlauen Winkelzügen brüsten, kurz gesagt, in der die Person wichtiger ist als die Tat … in einer solchen Zeit gibt es eine tief verwurzelte Sehnsucht nach dem Kleinen, dem Leisen, dem nicht Berechnenden und deshalb Echten.

Ejnar Svensson war in den sozialen Medien nicht aktiv. Wollte sich nicht in seinem eigenen Ruhm sonnen. Hatte kein Bedürfnis, die Bewegung zu nutzen, die er ausgelöst hatte, und er wollte auch keine Führerfigur in ihr werden. Er wurde zum Symbol für einen Menschen, der nicht nach Selbstverwirklichung strebt, sondern sich seinen Zielen unterordnet. Im Grunde war er ein Stier Ferdinand, der nichts lieber getan hätte, als unter seiner Korkeiche zu sitzen, die in Ejnar Svenssons Fall aus seinem winzigen Arbeitszimmer weit hinten in einem abgelegenen Gang in einer kleinen Gemeinde namens Vallerås bestand. Dort wollte er nicht an den Blumen schnuppern, sondern seine Zahlen in die richtigen Spalten eintragen, darunter einen Strich ziehen und sich freuen, dass am Ende alles aufging.

Dazu kam, dass eigentlich niemand ernsthaft neidisch auf Ejnar Svensson sein konnte. Er war nicht schön oder reich, hatte keine faszinierenden Liebesaffären, lebte kein aufregendes Leben. Er verdiente kurz gesagt seinen Ruhm, weil er niemanden auf irgendeine Weise bedrohte. Es war ungefährlich, ihm zu huldigen, weil er der war, der er war. Es war richtig so. Es nahm niemandem etwas weg, schon gar nicht einem selbst. Im Gegenteil, man konnte diese Verehrung tragen wie ein Schmuckstück, dessen Glanz den Eindruck vergoldete, den man auf andere machte. Es zeigte die eigene Großzügigkeit und Güte. Zeigte, dass wir alle etwas bewirken können, dass *we shall overcome.* Und selbst die, die nicht so geschickt zu sein scheinen, können mitmachen. Vielleicht dürfen sie sogar an die Spitze treten.

In einer Welt, in der sogenannte starke Männer ihre Dummheiten herausposaunen oder allgemein bedrohlich auftreten, trug Ejnar Svenssons sanftes Wesen dazu dabei, eine Messlatte für die sehnsuchtsvollen Seelen zu legen, die sich eine neue Maskulinität wünschten. Ejnar Svensson erweckte diesen ganzen Strauß von Gefühlen zum Leben. So jemand wird geliebt. Ohne sich wehren zu können.

Dazu kommt das Produkt, für das er bekannt wurde. Ich möchte behaupten, dass das in unserem Zusammenhang nicht unwichtig ist. Alles können wir nach bestem Vermögen schönfärben – uns selbst, unser Zuhause, unser Leben –, aber nicht das, was wir auf der Toilette machen, wo sich die Endprodukte des Reichen nicht von denen des Armen unterscheiden. Wir können mit dieser unangenehmen Tatsache nur umgehen, indem wir die Prozedur zumindest durch die Verwendung von Papier anstelle von Zweigen oder Grashalmen veredeln. Ohne Toilettenpapier verlieren wir die Illusion von uns selbst als Wesen ganz oben in der Nahrungskette, die wir so gerne sein möchten. Wir verlieren zudem das Gefühl, dass die Entwicklung vorangeschritten ist, und rutschen zurück in die Kotzeiten, die Elendszeiten, die Barbarei.

Und das wäre die endgültige Erniedrigung. Die größte Verunsicherung von allen. Klopapier ist die letzte Bastion. Dahinter warten Chaos, Vernichtung und schließlich der Untergang der Menschheit.

Die *Spiegel*-Ausgabe mit dem schwedischen Antihelden wurde den Zeitungsverkäufern geradezu aus den Händen gerissen, und Autor und Fotograf meldeten sich und bedankten sich für einen ungewöhnlich angenehmen Besuch. Einige Wochen nach der Veröffentlichung ließen dann auch nicht weniger als drei mittelgroße deutsche Unternehmen von sich hören und baten um einen Termin. Wir empfingen sie alle mit unserer üblichen Gastfreundschaft und Höflichkeit, und von einem Wechsel zu weicherem Zweilagigem auf der Gästetoilette konnte natürlich keine Rede sein.

Wenig überraschend dauerte es nach dem *Spiegel*-Artikel auch nicht lange, bis ein Anruf aus London kam. *The Economist* plante eine Reportage über Schweden im Allgemeinen und Vallerås im Besonderen, und bei Letzterem sollte es vor allem um Ejnar Svensson gehen. Ich sprach mit Ejnar, und er erklärte sich abermals einverstanden, auch wenn er bei der Vorstellung ein wenig den Kopf hängen ließ. Vielleicht brachte er zwischen seinen zusammengepressten Lippen sogar etwas heraus, das einem Protest ähneln konnte, aber es wurde doch nicht mehr als ein leises Gemurmel.

Ich muss auch zugeben, dass ich auf diesem Ohr taub war. Die Gemeinde ritt auf einer Erfolgswelle, und dann, das wissen alle gütigen Götter, muss man auf der Hut sein. Der Winter kommt, und eine verpasste Gelegenheit taut zum Frühjahr hin nur selten wieder auf, um das mal so zu sagen. Möglicherweise habe ich das Ejnar gegenüber erwähnt, ich bin mir nicht sicher. Es kann allerdings auch sein, dass mir im Gesicht geschrieben stand, was ich dachte. Jedenfalls legten wir am Ende ein Datum und eine Uhrzeit für das Interview mit dem *Economist* fest, und dann kehrte ich zu meinem Schreibtisch zurück, blätterte in dem Prospekt, den ich von einer der deutschen Firmen erhalten hatte, und gönnte mir zum Kaffee einen gerillten Schokoladenkeks mit Pfefferminzsplittern.

Die Prozedur mit einer ausländischen Mediendelegation wiederholte sich, mit dem Unterschied, das Ejnar diesmal kein Deutsch zu sprechen brauchte. Er spielte seine Rolle so gut wie immer. Vielleicht sah er ein bisschen müder aus, und die später veröffentlichten Bilder zeigen einen Ejnar, der auf seinem Stapel aus Klopapierrollen ein wenig in sich zusammengesunken ist. Denn natürlich hatten die Briten dieselben Wünsche wie die Deutschen, nämlich, ihn mit der schlichten, nunmehr aber ach so verdienstvollen Ware zu fotografieren, der er seinen Ruhm verdankte.

Der *Economist* hatte mich gebeten, mich als Bürgermeister danebenzustellen, und ich muss sagen, dass ich auf den Fotos eine gute Figur mache. Auch dieser Artikel landete auf dem Titel und später an unserem schwarzen Brett und in unseren Toiletten, was weiteres Schulterklopfen nach sich zog, diesmal für Ejnar und für mich.

In dieser Zeit hätte man eigentlich meinen können, dass die Demonstrationen für Wald und Klima und Nachhaltigkeit auf unserer Erde wieder abgeklungen wären, so geht es doch eigentlich derzeit immer bei aktuellen Themen. Diesmal war das Interesse aber von längerer Dauer. Neue Kundgebungen schossen noch an den abgelegensten Orten wie Pilze aus dem Boden. An einem Tag kamen Berichte aus Argentinien, am nächsten aus Südafrika, und das alles sorgte natürlich dafür, dass wir weiterhin im Brennpunkt saßen, ob wir das nun wollten oder nicht. Plakate mit Ejnar Svensson waren selbst in Neuseeland gesichtet worden, und schwedische Tageszeitungen stellten zufrieden fest, dass sich Ejnar Svenssons Bekanntheitsgrad bald mit dem unserer allergrößten Nationalhelden messen könnte.

Es stellte sich außerdem heraus, dass unsere schwedische Jugend mit dem Begriff »König« zuallererst Ejnar Svensson assoziierte und dass König Carl Gustaf nur auf Platz zwei landete. Der Hof verweigerte jeglichen Kommentar.

Weiterhin trudelten Interviewanfragen aus allen erdenklichen Ländern ein. Alle wurden freundlich empfangen, in unserem Besprechungsraum mit Kaffee und selbst gebackenem Kuchen bewirtet und zu der inzwischen weltberühmten Scheune geführt. Ejnar Svensson kam in jeder Reportage zu Wort und landete in absolut jeder Zeitung auf einem Bild vor, hinter oder auf einem Klopapierstapel.

Aber man muss zugeben, dass er immer verdrießlicher aussah und dass er von Woche zu Woche eingefallener wirkte. Ab und zu starrte er ins Leere, und während der Interviews nutzte er jegliche Gelegenheit, um zwischendurch auf der Toilette zu verschwinden. Ich weiß nicht, was er dort machte, ob er nachdachte oder das Schicksal verfluchte, über das er keine Herrschaft mehr hatte. Heute sehe ich das ein, was ich damals nicht erkennen konnte: Dass er nichts lieber wollte, als in das Schweigen, ins Nichts und zu den Zahlenkolonnen zurückzukehren.

Es wurde damals durchaus die eine oder andere Stimme laut, die meinte, ich müsste der Sache ein Ende setzen. Mich mit Ejnar aussprechen und danach Maßnahmen ergreifen, um ihn vor weiterer Publicity zu schützen. Ja, diese Kritik ist mir vorgetragen worden. Aber diesbezüglich möchte ich doch darauf hinweisen, dass rein formal der oberste Verwaltungsdirektor der Gemeinde Ejnars Chef war und nicht ich. Auch wenn niemand in dieser Position es jemals gewagt hat, sich mir zu widersetzen.

Außerdem habe ich es getan. Versucht, Ejnar zu helfen, meine ich. Ich bot an, alle Fragen zu beantworten und mich für die Fotos mit unserem nunmehr weltberühmten Klopapierlager zur Verfügung zu stellen. Ich bot Archivbilder von Ejnar an und alte Interviews, aus denen man nach Lust und Laune zitieren könnte.

Das Problem war, dass sich Journalisten und Fotografen damit nicht zufriedengaben. Wie man die Sache auch drehte und wendete, unser Aushängeschild war Ejnar. Er hatte eine weltweite Bewegung ausgelöst, und er war es, den Leser, Zuschauer und Zuhörer in aller

Welt haben wollten. Verzeihung, aber das sei nun einmal die Realität, lautete die Antwort. Ob ich ihn nicht doch bewegen könnte, persönlich anwesend zu sein?

Ich kann mich ganz besonders gut an das allerletzte Interview erinnern, als eine chinesische Delegation Stunden damit verbrachte, Ejnar ausführliche Fragen zu stellen, die er schon hundert-, vielleicht tausendmal beantwortet hatte. Noch einmal hatte ich ihn zur Mitwirkung überreden können. An mindestens einer Stelle dieses Interviews nahm ich wahr, dass Ejnar kurz davor stand, aufzubrausen und unhöflich zu werden. Abgesehen davon, dass ihm das so wenig ähnlichsah, dass eigentlich sämtliche Alarmglocken hätten losschrillen müssen, wäre es natürlich eine Katastrophe gewesen. Die Chinesen hatten bereits Andeutungen einer geschäftlichen Zusammenarbeit gemacht, deshalb gab ich mir alle Mühe, mich wohlwollend und entgegenkommend zu zeigen, als Ejnars Urteilskraft versagte. Während des Fotoshootings weigerte er sich jedoch, auf einen Rollenstapel zu klettern, und das dermaßen starrköpfig, dass ich ihn diskret beiseitenahm und ihn in ziemlich scharfem Ton aufforderte, sich zusammenzureißen.

Sein mürrisches Gesicht schien die Chinesen jedoch nicht zu stören. Im Gegenteil, ich habe gehört, dass es ihnen sogar gefiel. In ihren Augen war Ejnar Svensson ein Mann, der seine Mission ernst nahm. Und dann lächelt man nicht. Genau wie bei der Armee. Da wird bekanntlich auch nicht gelächelt.

Kapitel 4

Ziemlich spät an diesem Abend, als die meisten schon Feierabend gemacht hatten und das Rathaus mehr oder weniger leer war, klopfte es an meiner Tür. Ich war an diesem Tag länger geblieben, um mir den von den Chinesen hinterlassenen Vorschlag anzusehen, das Lokalradio hatte sein Interesse signalisiert, und ich wollte vor der Sendung am nächsten Tag ausreichend informiert sein. Ich rief »Herein«, und da stand Ejnar.

Er sah wirklich entsetzlich aus. Die schütteren Haare standen zu Berge, der Anzug hing von seinen dünnen Schultern, und als er zum Schreibtisch ging, sah ich, dass er seine Füße hinter sich herschleppte wie ein uralter Mann. Ich bat ihn, Platz zu nehmen, und er ließ sich in einen Sessel sinken und holte tief und schmerzlich Atem.

Dann strömte alles aus ihm heraus. Dass er nicht mehr konnte. Dass er das Dasein als Klopapierkönig verabscheute. Dass er kein Aushängeschild sein wollte, kein Symbol, kein Held oder Antiheld. Andere mochten ihn als Erlöser betrachten, aber er selbst hatte sich von Anfang an geschämt, weil er wegen etwas berühmt geworden war, bei dem es sich doch eigentlich um ein Versehen gehandelt hatte. Er wollte kein Interview mehr geben. *Nicht. Ein. Einziges.*

»Ich gehe unter!«, rief er mit tränenerstickter Stimme, und als ich in seine müden Augen schaute, war mir klar, dass er das wirklich ernst meinte. Ejnar hatte nichts mehr zu geben. Er war am Ende. Verbraucht. Zermalmt von der Liebe und Verehrung der ganzen Welt.

Ich trat dicht an Ejnar heran. Tätschelte ihm die Schulter und legte ihm nahe, Urlaub zu nehmen. Wegzufahren, etwas anderes zu sehen, inkognito zu sein. Aber er schüttelte den Kopf. Inkognito gab es nicht mehr für ihn. Außerdem wollte er nicht weg. Er wollte zu Hause sein. Zwischen seiner Wohnung und seinem Büro hin und her pendeln, seine Pflicht tun, und damit Schluss. Wollte die Welt ihren Gang gehen lassen und kein einziges Mal mehr als Klopapierkönig angeredet werden müssen.

Ich stand vor einem Dilemma, das gebe ich ohne Umschweife zu. Als Bürgermeister steht man in erster Linie bei seinen Wählerinnen und Wählern und dem Ort, in dem sie leben, in der Pflicht. Ejnar Svensson war zu einem der größten Aktivposten von Vallerås geworden. Das Problem war nur, dass dieser Aktivposten in diesem Moment in sich zusammengesunken wie ein missratenes Soufflé in meinem Arbeitszimmer saß und erklärte, dass er nicht mehr mitmachen wollte. Was tut ein verantwortungsbewusster Politiker in einem solchen Fall? Wie verhält er sich, um den größten möglichen Schaden zu vermeiden, und wie verhandelt er mit seinem Gewissen?

Er macht es wie ich. Fasst einen Beschluss.

Ich gab Ejnar ganz einfach mein Wort, dass ich ihn während der kommenden Wochen verschonen würde. Drei Monate lang sogar, mit diesem Zeitraum könnten wir anfangen, würde ich persönlich dafür sorgen, dass er weder von Presseleuten noch von ehrerbietigen Schulklassen, aufstrebenden Politikern oder sonstigen Interessenvertretern behelligt werden würde, egal, woher sie auch kämen. Ich würde so lange die Verantwortung übernehmen, es würde schon irgendwie gehen. Wenn Auskünfte von Ejnar erforderlich wären, würde ich diese einholen, und nach den drei Monaten würde sich der Sturm hoffentlich gelegt haben, egal, wie zäh er sich bisher gehalten hatte. Und wenn nicht, dann würden wir einen neuen Beschluss fassen. Was er dazu sage?

Ejnar nickte wortlos. Stammelte etwas davon, dass drei Monate nicht ausreichen würden, ließ durchblicken, dass er an einen längeren Zeitraum gedacht hatte, aber der Satz versandete auf halber Strecke. Vielleicht dachte er: Kommt Zeit, kommt Rat. Vielleicht konnte er an diesem Abend einfach nicht mehr Kraft für seine Sache aufbringen. Er hatte sich eine Frist verschafft, und ab und zu reicht das ja auch. Also erhob er sich, hielt mir eine feuchte, schlaffe Hand hin und stürzte davon. Ich las den chinesischen Prospekt zu Ende, und das Radiointerview am folgenden Tag ließ nichts zu wünschen übrig.

Ich hielt mein Versprechen. Die Anfragen, die kamen, erledigte ich, ohne Ejnar aufzusuchen. Anfangs bat ich ihn noch, Zitate zu überprüfen, aber Ejnar wirkte immer so erschrocken, wenn er meine Schritte auf dem Gang hörte – offenbar erkannte er die inzwischen –, dass ich schließlich entschied, damit aufzuhören. Es gab ja auch bei dem, was ich den Fragenden übermittelte, nichts, das eine Diskussion erfordert hätte, und die meisten gaben sich widerwillig mit dem Material zufrieden, das ich ihnen anbot. Na ja, was heißt schon, sie gaben sich zufrieden, ihnen blieb schließlich nichts anderes übrig.

Einige fragten, ob sie den Eindruck vermitteln dürften, sie hätten Ejnar Svensson persönlich gesprochen, das wirke doch immer viel authentischer. Auch darauf antwortete ich mit Ja, ohne Ejnar zu fragen. Um ihn zu schonen, das möchte ich betonen, und was man nicht weiß, macht einen auch nicht heiß.

Die drei Monate waren fast vergangen, und ich fragte mich nun schon, wie ich mich in Zukunft verhalten sollte, als die Nachricht kam, dass Vallerås bei einer landesweiten Abstimmung zur Gemeinde des Jahres gekürt worden war. Die Krönung der Sache, und in diesem Fall kann hier wirklich von *Krönung* die Rede sein, war, dass der König des Sveareiches in höchsteigener Person den auserwählten Ort aufsuchen wollte, um den Preis zu überreichen, möglicherweise in Gesellschaft Ihrer Majestät der Königin.

Das Interesse der Königsfamilie an der Umwelt war bekannt. Außerdem schien es ja logisch, dass ein König dem anderen einen Preis überreichte, auch wenn der eine König eines ganzen Landes war und der andere König über eine Scheune voller Klopapier. Wie schon erwähnt, hatte ja auch ein nicht zu vernachlässigender Teil der schwedischen Bevölkerung angefangen, das Substantiv »König« mit Ejnar Svensson zu assoziieren, und es ist möglich, dass unser »rechtmäßiger« Monarch diese Entwicklung stoppen oder sich jedenfalls mit seinem Rivalen um diesen Titel gut stellen wollte.

Die Freude im Rathaus war groß, als das Ergebnis der Umfrage bekanntgegeben wurde. Angestellte und Politiker legten die Arbeit nieder, stießen mit Kaffee an und später dann mit einem undefinierbaren perlenden Getränk, offenbar war vom letzten Betriebsfest noch eine Flasche übrig. Ein Königsbesuch im Wonnemonat Mai war wirklich ein neues Blatt für unseren Lorbeerkranz, und wir alle konnten stolz darauf sein, was wir geleistet hatten, um einer solchen Ehre für würdig befunden zu werden.

Ejnar saß in seinem Zimmer und blieb offensichtlich den Rest des Tages auch dort, denn er wendete sich nicht mit der verzweifelten Bitte an mich, ihn zu verschonen. Er hatte sich unbemerkt von allen anderen im Haus heimgeschlichen, aber das war an sich ja nicht weiter aufsehenerregend. Seit er mich um eine Schonfrist gebeten hatte, war er mehr oder weniger allem menschlichen Kontakt aus dem

Weg gegangen und hatte während der Arbeitszeit sein Büro offenbar so gut wie nie verlassen. Seine Pausenbrote verzehrte er dort, und die wenigen Toilettenbesuche, die er sich gönnte, verliefen offenbar so diskret, dass er dabei mit seiner Umwelt nicht einmal in Berührung kam.

Aber dass ihn die Nachricht noch an diesem Abend oder spätestens am nächsten Morgen ereilen würde, davon war ich überzeugt. Ich saß an diesem Abend mit meiner Frau bei einem Glas Wein und einem Stück Käse zusammen, und wir zermarterten uns das Gehirn nach einer Lösung für dieses Dilemma. Meine Frau hatte schon mehrmals, wenn wir über Ejnar sprachen, betont, dass der Mann ihrer Ansicht nach unter gewaltigem psychischen Druck stand und dass es ein böses Ende nehmen könnte, wenn er zu sehr belastet würde. Sie ist eine empathische Frau mit einem instinktiven Gespür für die Bedürfnisse und Notlagen anderer, und ich habe immer auf ihre klugen Ratschläge gehört, um eine neue Perspektive auf die Dinge und Sachverhalte zu bekommen.

Aber auch ihr war bewusst, dass man einen königlichen Besuch nicht einfach dankend ablehnen konnte, Gefühle hin, Burnout her. Meine Frau riet mir schließlich, so schnell wie möglich mit Ejnar zu sprechen und ihn zu bitten, trotz allem ein letztes Mal mitzumachen. Eine größere Ehre konnte es schließlich kaum geben, falls nicht die Staatsoberhäupter der USA oder Russlands vorbeischauen wollten, und das durften wir doch für ziemlich unwahrscheinlich halten. Und, um keine goldenen Türen zuzuschlagen, wenn es trotz allem passierte, könnten wir uns immer noch eine Lösung überlegen.

Ich sah das auch so, wir tranken den Wein aus und gingen zu Bett. Mein letzter Gedanke vor dem Einschlafen war, dass ich ja doch recht viel erreicht hatte und dass sich dieser Ort in Zukunft an mich und meinen Namen erinnern würde, und das war eine tröstliche Überlegung. Dass ich etwas hinterließ, etwas von Dauer, das größer war als meine eigene, im Grunde geringe Person.

Und dass Ejnar mitmachen würde, dessen war ich mir ziemlich sicher.

Nicht einmal in meinen wildesten Träumen hätte ich mit der Reaktion gerechnet, die ich erlebte, als ich Ejnar am nächsten Tag aufsuchte. Ich ging als Allererstes zu ihm und fand ihn auch ganz richtig an seinem Arbeitsplatz vor. Aber er bot keinen schönen Anblick. Er war unrasiert, was ich in all den Jahren, die ich ihn nun schon kannte, noch nie erlebt hatte, und er sonderte einen Geruch ab, der verriet, dass er sich möglicherweise weder am Vorabend noch an diesem sonnigen Morgen gewaschen hatte. Bei genauerem Hinschauen konnte einem der Verdacht kommen, dass er komplett bekleidet geschlafen hatte. Sein Anzug war zerknittert, und er hatte einen Fleck auf der Hemdbrust, vermutlich von vergossenem Kaffee.

Ich begrüßte ihn natürlich, aber er gab keine Antwort. Drehte sich nur mit einem Blick zu mir um, der nirgendwo haften blieb. Als ich mich nach seinem Befinden erkundigte, eine dumme Frage in diesem Zusammenhang, wie ich zugeben muss, schüttelte er zuerst wie ein Wahnsinniger den Kopf. Dann quoll alles nur so aus ihm heraus. Dass ihm das mit dem königlichen Besuch nur zu bewusst sei, dass Teile des Programms schon in der Lokalzeitung veröffentlicht worden seien, dass er begriffen habe, welche Rolle er dabei spielen solle, und dass er nicht vorhabe, das zu tun. Unter gar keinen Umständen.

Die Vorstellung, noch einmal vor aller Welt als der Klopapierkönig von Vallerås tituliert zu werden, die Vorstellung, noch einmal in dieser verdammten Scheune zu stehen und auf die dämlichen Rollen zu zeigen, die er inzwischen mehr hasste als alles andere in seinem Dasein, die Vorstellung, für etwas geehrt zu werden, das er nicht getan hatte, die Vorstellung, dass sein Leben abermals unter die Lupe genommen werden würde, sein schlichtes Leben, das ebenso unansehnlich war wie das Papier, das ihn bekannt gemacht hätte – das alles fand er ganz einfach zum *Kotzen.* Die Rollen, der Ruhm, das Rampenlicht und die Interviews hatten ihm buchstäblich die Lebensfreude ausgesaugt, und er wusste, dass er auch nicht eine einzige weitere Sekunde im Licht der Öffentlichkeit überleben würde. Er machte geltend, dass die drei Monate noch nicht vorbei waren, er wiederholte mehrmals, dass er mein Wort hatte, und er flehte mich an, ja, er flehte mich wirklich an, ihn zu verschonen.

Da stand ich nun vor diesem Häuflein Elend und wurde ein Opfer meiner widerstreitenden

Gefühle. Natürlich war mir klar, dass Ejnar Svensson am Rande eines seelischen Zusammenbruchs stand, und natürlich wusste ich, was ich ihm versprochen hatte. Zugleich war ich fest entschlossen, mir den königlichen Besuch nicht entgehen zu lassen, nur weil ein zitternder Mitarbeiter dem Ruhm nicht gewachsen war, für den so viele andere alles geopfert hätten. Hässliche Gedanken und Gefühle, und meine Frau hätte missbilligend den Kopf geschüttelt und mich als gefühlskalt und herzlos bezeichnet.

Aber auch das muss ein Politiker bisweilen sein, das gestehe ich ein. Das Allgemeinwohl muss vor dem individuellen Wohl kommen, und an allererster Stelle muss die eigene Karriere stehen. Schwarz auf weiß geschrieben sieht das zwar zynisch aus, aber bedenken Sie: Wenn ich am besten weiß, was für meine Gemeinde von Vorteil ist, dann ist meine Karriere wiederum das Beste für meine Gemeinde.

Ich fördere meine Karriere ja nicht aus Selbstsucht, auf diese Idee würde ich niemals kommen, das ist nun wirklich nicht mein Ziel. Es geht mir bei alldem am wenigsten um mich selbst, darauf möchte ich hier hinweisen.

Ich machte Ejnar mit ausgewählten Teilen dieser Überlegungen bekannt. Ich senkte die Stimme ein wenig, schärfte meinen Ton und forderte ihn auf, sich um Himmels willen zusammenzunehmen. Ich sagte, ich könne ihn ja verstehen, aber es gebe Situationen, da müsse man ein Mann sein und als solcher seine Pflichten erfüllen. Ich versicherte, dass ich an seiner Seite stehen würde, ja, ich würde einfach alles tun, um ihm seine Aufgabe zu erleichtern, er brauche sich um nichts zu kümmern. Ich würde ihn nicht mit einem Programm oder sonstigen Dingen belästigen, er dürfe sich weiterhin wie ein Maulwurf in seinem Loch verkriechen, und ich würde erst am Tag vor dem großen Moment zu ihm kommen und ihm mitteilen, was von ihm erwartet wurde.

Aller Wahrscheinlichkeit werde er einfach nur auf ein Podium steigen und dem König und möglicherweise auch der Königin die Hand reichen, ein Geschenk von unbekannter, aber mit Sicherheit harmloser Natur entgegennehmen, seinen Diener machen und wieder von der Bühne abtreten müssen. Ein kleiner Schritt für Ejnar Svensson, aber ein großer für Vallerås. Wenn er nicht begriff, welchen Schaden und Verlust er der Bevölkerung dieses Ortes zufügte, falls er diese kleine Anstrengung verweigerte, dann müsse man sich wirklich fragen, ob er bei seiner sonstigen Arbeit wirklich das Beste für Vallerås vor Augen habe.

Ein solches Verhalten könne Folgen haben und werde vermutlich zu einem ernsthaften Gespräch mit seinem Chef führen, unserem Verwaltungsdirektor. In einem derartigen Fall könne man wirklich keinen Unterschied machen zwischen einem Laufburschen und einem mit weltberühmtem Schlagzeilennamen im Dienste der Umweltbewegung.

Ungefähr so drückte ich mich aus und ließ Ejnar dabei nicht aus den Augen. Und er begriff. Sank in seinem Sessel in sich zusammen, als hätte ich sein Todesurteil verlesen, stützte die Ellbogen auf den Schreibtisch. Ein Schluchzen drang durch seine Finger, aber zum Glück konnte er es zurückdrängen, auch wenn er am ganzen Leib zitterte. Der Mann war zu einem Wrack geworden, zu einem Schatten seiner selbst, und ich verspürte ein gewisses Mitgefühl, aber der Bürgermeister in mir hatte die Herrschaft an sich gerissen. Ich wartete, bis Ejnar verstummt war, bat ihn, mir in die Augen zu schauen, versicherte ihm, dass alles gutgehen würde, und ermahnte ihn, sich die Nase zu putzen und sich so schnell wie möglich zu waschen und ordentlich anzuziehen.

Er nickte wortlos. Hob die Hand zu einer hilflosen Geste, drehte sich zu seinem Computer um und fing an, auf die Tasten einzuhämmern, als wollte er jemanden totschlagen. Vermutlich mich.

Aber ich hatte anderes zu bedenken, und die Tage und Wochen flogen vorüber, ohne dass ich mir weiter über Ejnar Gedanken machte, abgesehen davon, dass ich ab und zu an seinem Zimmer vorbeiging, um mich davon zu überzeugen, dass er dort war. Abermals möchte ich darauf hinweisen, dass die formale Verantwortung beim Verwaltungsdirektor lag und nicht bei mir. Aber in der Praxis spielte das keine Rolle.

Ejnar saß da, wo er zu sitzen hatte. Er war noch immer bleich, aber er roch nicht mehr unangenehm und wirkte auch ganz allgemein sauber und unversehrt. Ich kann nicht behaupten, dass er mir mit besonderer Freundlichkeit begegnete, wenn ich mich nach seinem Befinden erkundigte, aber das war ja auch nicht nötig. Solange er sich an diesem einen Tag, in diesen wenigen Minuten, tadellos verhielt, wäre ich zufrieden und der Fall damit erledigt.

Die Vorbereitungen nahmen also ihren Lauf, und ganz Vallerås erblühte in einem königstreuen Rausch. Die Schule wurde mit frischen Birkenzweigen geschmückt, die Kinder mussten Aufsätze über unser Klima schreiben, im Seniorenwohnheim gab es zur allgemeinen Überraschung Königskuchen zum Kaffee, und unsere Läden schmückten sich mit Bildern der königlichen Familie und mit schwedisch-blau-gelben Bändern. Da der König mit seinem Gefolge auch unsere weltberühmte Scheune besuchen wollte, wurde die ebenfalls verschönert. Boden und Wände wurden gesäubert und die noch vorhandenen Stapel, etwas weniger als die Hälfte der ursprünglichen Menge, wurden abgewischt und vom Staub befreit. Auch hier sollte fotografiert werden, und mein Nachbar erklärte sich bereit, den Rasen zu mähen und die Umgebung der Scheune zu bepflanzen, damit sich alles im besten Licht zeigte. Etliche Büsche schließlich mussten daran glauben, um den Blick aufs Meer idyllischer zu gestalten.

Die meisten Diskussionen im Rathaus drehten sich um die Frage, wie wir mit dem Toilettenpapier verfahren wollten, welches das Königspaar während des Besuchs vielleicht benutzen würde. Sollte man auch dann zum weltberühmten grauen, einlagigen greifen, oder sollten wir eine Ausnahme machen und weißes, weiches, gemustertes kaufen? Wir hatten es schließlich mit unserem König und unserer Königin zu tun, und wie alle anderen machten wir uns Sorgen wegen des Eindrucks, den die Majestäten von Vallerås bekommen würden, und um ihre Hinterteile.

Letztlich war es abermals meine Meinung, die den Ausschlag gab, und wir entschieden uns für das Papier, das zu unserem Wahrzeichen geworden war. Unser Königspaar hat so oft bewiesen, dass es, als Oberhaupt einer wahren Demokratie, mit beiden Beinen auf dem Boden steht und abwechselnd Wein und Wasser trinken kann. Was hätte es also für einen Eindruck gemacht, wenn der Verdacht aufgekommen wäre, dass die weniger Bemittelten in Vallerås unser kommunales Papier benutzen mussten, während feinen Leuten von auswärts etwas Besseres zur Verfügung gestellt wurde?

Am Abend, ehe der König mit seiner Gemahlin eintreffen sollte, fiel mir das Einschlafen schwer. Anzug und frisch gebügeltes Hemd hingen bereit, und alles war so gut, wie es sein kann, wenn so gut wie nichts dem Zufall überlassen wird. Blumengeschmücktes Podium auf dem Marktplatz, Lautsprecheranlage, Musik,

Programm, Scheune mit Papierstapeln, alles bis ins kleinste Detail vorbereitet.

Dass Ejnar Svensson mich und Vallerås im Stich lassen könnte, diese Vorstellung scheiterte an ihrer eigenen Unmöglichkeit. Ich hatte schon beschlossen, Ejnar nach erfolgreich überstandenem Besuch ehrlich um Entschuldigung für meine verdeckte Kündigungsdrohung zu bitten, die natürlich nicht eine Sekunde lang ernst gemeint gewesen war. Er würde nie wieder etwas Ähnliches von mir hören, dafür würde ich meine politische Ehre verpfänden, und er würde sicher sein können, dass er so lange in Vallerås arbeiten dürfte, wie er das wollte, also, wie ich annahm, bis er in Rente ging.

Diese vielen Gedanken wirbelten mir durch den Kopf, und als ich auf die Uhr schaute, war es Mitternacht. Neben mir hörte ich die regelmäßigen Atemzüge meiner Frau, ich selbst aber konnte keine Ruhe finden. Zudem glaubte ich, den Geruch von geröstetem Brot wahrzunehmen, obwohl ich wusste, dass wir an diesem Abend nichts dergleichen verzehrt hatten.

Am Ende stand ich auf, schlich in die Küche, wollte mir schon einen nervenberuhigenden kleinen Whisky einschenken und mich davon überzeugen, dass keine Kochplatte eingeschaltet war – es roch wirklich angebrannt –, als mein Mobiltelefon klingelte. Ich lege es nachts immer in die Küche, deshalb konnte ich mich schon beim dritten Klingelton melden. Der Name, der im Display auftauchte, war mir wohlbekannt, und mein Instinkt sagte mir, dass es hier nicht um ein nettes kleines Nachtgeplauder ging, sondern um etwas viel Ernsteres. Folglich nannte ich meinen Namen und verkniff mir einen Kommentar über die späte Stunde.

Es war dann auch wirklich unser Feuerwehrhauptmann. Der mit mühsam beherrschter, ruhiger Stimme mitteilte, dass die Scheune mit den Toilettenpapierrollen in hellen Flammen stand.

Kapitel 5

Der Anruf bei der Feuerwehr war vor ungefähr einer Stunde eingegangen und die Mannschaft sofort ausgerückt. Offenbar war der Brand in einer Ecke der Scheune ausgebrochen und hatte bald das gesamte Gebäude erfasst. Die Feuerwehr hatte sich auf das absolut Wichtigste konzentriert, nämlich, so viele Rollen Toilettenpapier zu retten wie möglich. Außerdem hatte man alles Feuerwehrmögliche unternommen, um eine weitere Ausbreitung des Feuers zu verhindern, und das war nicht so leicht gewesen, da der Boden ungeheuer trocken war.

Jetzt war die Lage unter Kontrolle, die

Löscharbeiten würden die ganze Nacht weitergehen, aber es war kein Mensch zu Schaden gekommen. Der sagenumwobene Vorrat der Gemeinde an grauem, einlagigem Recyclingklopapier war allen heroischen Anstrengungen zum Trotz größtenteils in Rauch aufgegangen, und angesichts des für den morgigen Tag erwarteten königlichen Besuchs war nur eine Feststellung möglich: Vallerås befand sich in einer Krisensituation von historischen Ausmaßen.

Nach dem Telefonat atmete ich einige Male tief durch und füllte meine Lunge dadurch abermals mit dem verhassten Rauch. Vom Küchenfenster aus konnte ich ahnen, was drüben vor sich ging, und mir war klar, dass das, was ich vorher für eine ungewöhnlich helle Mainacht gehalten hatte, in Wirklichkeit durch den Widerschein der Feuersbrunst verursacht worden war. Langsam erfasste ich die Bedeutung dessen, was mir der Feuerwehrhauptmann mitgeteilt hatte – wir standen vor der unangenehmen Notwendigkeit, einen König und eine Königin zu einem, wie sie meinten, Umweltdenkmal zu führen, das sich nun aber in eine verkohlte Ruine verwandelt hatte. Ein wahrer Mann der Tat zögert indes nicht, und schon bald hatte ich das Ganze gedanklich verarbeitet und einen Entschluss gefasst.

Ich schlich mich also ins Schlafzimmer, holte mir zweckdienliche Kleidung, schrieb meiner Frau einen Zettel, auf dem ich kurz, aber deutlich formulierte, was vorgefallen und wohin ich unterwegs war, steckte das Telefon in die Tasche, zog meine Gummistiefel an und ging hinaus in die Nacht.

Es roch, als ob jemand Laub oder Zweige verbrannt hätte, und je näher ich der Unglücksstätte kam, desto aufdringlicher wurde der Rauchgeruch. Als ich die Scheune endlich erreicht hatte, bot sich mir ein Anblick, der mich gleichermaßen beruhigte und verängstigte.

Beruhigte, da die Feuerwehr alles unter Kontrolle hatte und sich nun darauf konzentrierte, die verbliebenen Brandherde zu löschen. Verängstigte, da über die Hälfte der Scheune abgebrannt und die traurigen Reste des Toilettenpapierlagers verrußt waren und sich durchaus nicht dazu eigneten, dem königlichen Geblüt aus Stockholm vorgeführt zu werden.

Ein Stück weiter weg stand mein Nachbar und hatte den Arm um seine Frau gelegt. Ich ging zu ihnen und sprach ihnen mein Beileid aus. Viel mehr gab es nicht zu sagen, deshalb ließen wir das Schweigen seine unhörbare, aber beredte Sprache sprechen, während wir den Feuerwehrleuten zusahen, als könnten die durch ihre Fachkompetenz das Geschehene ungeschehen machen.

Irgendwann kam der Feuerwehrhauptmann zu uns, müde und verdreckt, aber zufrieden. Er gab nun Entwarnung, Wohnhaus und die übrigen Wirtschaftsgebäude seien gesichert, und Personen seien Gott sei Dank nicht zu Schaden gekommen. Er wies auf die größere Scheune am Ufer, die damals als Ersatz für die nunmehr abgebrannte errichtet worden war, und sagte, sie seien sehr froh darüber, dass der Wind nicht in jene Richtung geweht habe. Dort waren Büsche und Bäume heil geblieben, und das Gras war nicht einmal versengt. Wir hätten ganz einfach ein unvorstellbares Glück gehabt, aber, wie ich dem Feuerwehrhauptmann auch deutlich klarmachte, das Glück steht eben dem Tüchtigen bei.

Nun blieb nur noch, wenn ich mich so ausdrücken darf, die brennende Frage, wie wir mit dem königlichen Besuch verfahren sollten. Wir hatten ja nicht mehr viel an Scheune vorzuzeigen, und der Inhalt war auch nichts, worauf man stolz sein könnte. Abgesehen von einigen Stapeln ganz hinten in der Ecke und dem, was die Feuerwehrleute hatten bergen können, war der Löwenanteil des sagenumwobenen Toilettenpapiers von Vallerås verbrannt, und das zum denkbar ungünstigsten Zeitpunkt.

Ich fragte den Feuerwehrhauptmann nach der mutmaßlichen Brandursache. Er antwortete, die Ausmaße und die rasche Ausbreitung des Feuers seien überraschend gewesen, aber in der aktuellen Situation wolle er keinen unbegründeten Verdacht äußern oder Spekulationen laut werden lassen.

Es war ein Uhr nachts. Genau zwölf Stunden, bis das Königspaar in Vallerås eintreffen würde. Sollte ich, als oberster Gemeindevertreter, zulassen, dass dieser Besuch mit einem Fiasko und einer schmählichen Niederlage endete, da der Ort nicht das vorweisen konnte, was ihm Ruhm und Ehre eingetragen hatte? Sollte ein historischer Besuch nicht aus ehrenvollen Gründen historisch werden, sondern aufgrund von unglückseligen und vielleicht sogar lächerlichen?

Verdammt, nein!

Ich wandte mich meinem Nachbarn zu und fragte ohne jegliches Zittern in der Stimme, was er in seiner großen Scheune am Ufer aufbewahrte. Als ich ihm mein Vorhaben anvertraut hatte, öffnete er den Mund, schloss ihn jedoch unverrichteter Dinge sofort wieder. Die Vorstellung, dass sich hier ein waghalsiger, aber dennoch gangbarer Ausweg aus unserer peinlichen Lage wies, entzündete in ihm einen Funken der Hoffnung, das sah ich seinen fast schon tränenblanken Augen an.

Ich suchte den Feuerwehrhauptmann auf, erklärte meinen Plan und bat ihn, sein Fußvolk zu informieren. Wir sind seit ewigen Zeiten Parteikollegen, und er gehorchte widerspruchslos, genau, wie ich es erwartet hatte. Dann begab ich mich ins Wohnhaus, wohin sich Bauer und Bäuerin bereits verfügt hatten, und während Kaffee und Gebäck bereitgestellt wurden, führte ich einige Telefongespräche. An dieser Stelle muss ganz klar gesagt werden:

Wenn es sein muss, dann ist auf die Valleråsianer Verlass. Hier brauchte es keine langwierigen Erklärungen, keine Ausflüchte, keine Überredungsversuche. Hier wurde eine Notlage gemeldet, hier wurde um Hilfe gebeten, und der Bitte wurde ohne überflüssiges Wenn und Aber nachgekommen.

Aufgrund des Kaffees und des Adrenalins, das durch meine Adern brauste, verspürte ich nicht die geringste Müdigkeit, und gegen zwei Uhr fuhren dann die ersten Autos mit den von mir herbeigerufenen Hilfskräften auf den Hofplatz. Mir wurde ein gewaltiges Déjà-vu-Erlebnis zuteil, ich fühlte mich zurückversetzt an jenen glücklichen Tag, an dem wir Politiker mit unseren Autos im Konvoi gefahren waren, um die Lastwagen mit dem Toilettenpapier zu begleiten, das dann eine solche Bedeutung für uns alle gewinnen sollte. Dieser Gedanke füllte meine Brust mit Mut, wir begaben uns zur Unglücksstätte, wo der Feuerwehrhauptmann mit seinen Leuten bereits meine Befehle in die Tat umsetzte, nämlich die einigermaßen unversehrten Toilettenpapiervorräte vom Brandherd zur neuen Scheune am Ufer zu schaffen. Der Bauer öffnete die Tore und begann, alle Geräte zu entfernen. Rasenmäher, Hochdruckpumpen, Mähdrescher, Mixmaschinen und anderes Gerümpel wurden außer Sichtweite gebracht. Nach einigen Runden war nur noch ein zu vernachlässigender Rest an kleinen Dingen übrig, wie man sie in einer Scheune eben findet, und die meisten davon waren in Regalen untergebracht.

Die Feuerwehrleute, ich selbst und mein Nachbar hoben und schleppten im Schweiße unseres Angesichts, bis alle Utensilien sich im hinteren Teil der Scheune befanden, während der vordere Teil mehr oder weniger leer war. Einer von denen, die ich angerufen hatte, ein zuverlässiger Bauunternehmer, deckte alles mit Brettern und Paletten ab. Mit vereinten

Kräften konnten wir dann diese Bretterkonstruktion mit Planen und Plastik verkleiden, was in Konsistenz und Farbe nicht wesentlich anders aussah als die Verpackung des weltberühmten Toilettenpapiers von Vallerås.

Am Ende konnten wir die Stapel hineinrollen, die die Feuerwehr herübergeschafft hatte. Sie stanken nach Rauch und waren verrußt und teilweise angekokelt, aber wir wischten sie ab und schichteten sie vor unserer Konstruktion aufeinander. Und als die Uhr sechs schlug, waren wir fertig. Wer nun einen Blick in die Scheune warf, erblickte ein ansehnliches Lager aus umweltfreundlichem Toilettenpapier, und niemand, der nicht schon früher dort gewesen war, konnte ahnen, was sich dahinter verbarg.

Ich rief alle Mitwirkenden zusammen. Dankte ihnen für ihren nächtlichen Einsatz. Schärfte ihnen ein, was von Anfang an ohnehin allen klar gewesen war: die absolute

Schweigepflicht. Ich konnte an die selbstverständliche Solidarität von Vallerås appellieren, aber ich konnte diesen Appell außerdem anreichern mit der Androhung überaus unangenehmer Zukunftsaussichten für den, der das Gewicht meiner ernsten Worte nicht erfasste.

Alle Anwesenden erfuhren außerdem, dass einige meiner ersten Telefonate den Chefredakteuren und presserechtlich Verantwortlichen der Medien unserer Umgebung gegolten hatten. Auch die Polizei war informiert, und nun stand zweifelsfrei fest, dass es zu keinem unerwünschten Bericht über die Geschehnisse dieser Nacht kommen würde. Nicht ein einziger Mensch außerhalb unseres eingeschworenen Kreises würde jemals erfahren, welche Scheune wirklich abgebrannt war, und nichts würde durchsickern, was den einzigartigen Tag ruinierte, der nun vor uns lag.

Nach dieser Brandrede blickte ich in die müden, aber engagierten Gesichter und wusste, dass mein Plan aufgegangen war. Wir trennten uns, ich wanderte im Frühtau heimwärts und hörte im Radio die allerersten Morgennachrichten. Dort fiel kein Wort über irgendeinen Brand in der Gegend. Ich ließ mich auf meinen Stuhl sinken, verzehrte ein Butterbrot, berichtete kurz, was geschehen war, erntete Sympathie und Lob, erkannte, dass von Schlaf keine Rede mehr sein konnte, duschte deshalb kalt, bis meine Haut glühte, zog die frisch gebügelten Kleidungsstücke an und machte mich auf den Weg, um mich dem Tag zu stellen, welcher der großartigste in der Geschichte von Vallerås werden sollte.

In solchen Situationen glänzt der Erfahrene mit seiner Stärke, der Profi zeigt seine unschlagbare Fähigkeit, dann die größten Leistungen zu erbringen, wenn es am dringendsten darauf ankommt. Als sich das Rathaus mit erwartungsvollen Politikern und Angestellten füllte, konnte niemand von diesen auch nur ahnen, was ich während der Nacht durchgemacht hatte. Auf den Gedanken, dass in der Nähe eine Feuersbrunst gewütet hatte, wäre niemand gekommen, auch einen diesbezüglichen Kommentar gab es nicht – die Scheune hatte ja bekanntlich in keinem Wohngebiet gelegen. Stattdessen war der Vormittag mit den hektischen Vorbereitungen gefüllt, die vermutlich jedem Königsbesuch unmittelbar vorausgehen. Außerdem leitete ich eine weitere Maßnahme in die Wege, zu der mir die Idee auf dem Weg zur Arbeit gekommen war.

Ich hatte den Gedanken an den eventuellen Brandgeruch nämlich nicht abschütteln können. Der König, der schließlich ein engagierter Pfadfinder war, hatte sicher mehr als einmal im Wald ein Feuer gemacht, und ihm war durchaus zuzutrauen, dass er nun nach der Ursache des Geruchs fragen würde, was möglicherweise schlafende Hunde geweckt hätte.

So weit durfte es unter gar keinen Umständen kommen. Die Lösung lag darin, den Spieß umzudrehen. Und ganz einfach die Pfadfinder zu aktivieren, um das nächtliche Feuer durch ein Gegenfeuer zu tarnen.

In Zusammenarbeit mit dem inneren Kreis, zu dem ich Kontakt aufnahm, sowie ich in meinem Büro eingetroffen war, konnten wir mit vereinten Kräften die lokalen Pfadfindergruppen mobilisieren, die natürlich nicht informiert wurden, *warum* ihre Anwesenheit erwünscht war, nur darüber, *dass* es sich so verhielt. Natürlich waren sie sofort bereit. Sie hatten ohnehin vorgehabt, eine kleine Delegation zur Begrüßung ihres obersten Schirmherrn zu schicken, nicht zuletzt, weil ja auch Ejnar eine Vergangenheit in der Bewegung aufweisen konnte. Nun erhielt dieses Vorhaben einen noch offizielleren Charakter, was alle und jeden ansprach.

Das Würstchengrillen würde im rechten

Augenblick beginnen, das konnten sie auf Ehre und Gewissen versprechen, und es würde dabei an nichts fehlen, das war doch selbstverständlich. Überaus zufrieden und erleichtert klopfte ich mir wegen dieses Geistesblitzes auf die Schulter, und als es ein Uhr schlug, standen wir alle auf dem Marktplatz parat und sahen das königliche Gefolge Einzug halten.

Die Sonne schien, die Musik spielte, die Menschenmenge war riesig, und ich selbst stand an meinem Platz. König Carl Gustaf samt Gemahlin bestieg mit aller königlichen Autorität, die sein Amt erheischt, das Podium, und mit einigen schlagkräftigen und zweifellos wohlgeübten Sätzen erfüllte er uns alle in der Gemeinde Valleräs mit Stolz auf unseren Ort, unser Land und unser Klopapier. Ein Geschenk wurde überreicht, eine Glasskulptur, die einen Baum darstellte, eine Anspielung darauf, dass wir diese mächtigen Pflanzenwesen zu bewahren trachteten, und ich nahm die

Gabe mit Würde entgegen und dankte mit der angemessenen Zahl an Worten für diese Huldigung, die uns dargebracht worden war und die wir alle zu schätzen wussten.

Ja, den Preis nahm wirklich ich entgegen. Denn Ejnar Svensson ließ sich nicht blicken. Die Tatsache, dass er das nicht tat, hatten wir nach Kräften herunterzuspielen versucht, unter anderem, indem wir diskret, aber energisch alle Personen, die Plakate mit Ejnars Bildnis schwenkten, aufgefordert hatten, sich zu entfernen.

Zahllose Male habe ich mir den Kopf darüber zerbrochen, wie ich reagiert hätte, wenn ich nicht vorbereitet gewesen wäre. Was passiert wäre, wenn Ejnar Svensson immer wieder auf das Podium gebeten worden wäre, ohne sich dort einzufinden, wie ich, in kalten Schweiß gebadet, versucht hätte, ihn im Gewimmel ausfindig zu machen, wie ich in Anwesenheit des Königs hätte improvisieren und nach vorn stürzen und das Debakel mit wohlgesetzten Worten hätte überspielen müssen.

So kam das Ganze nicht überraschend. Als die Rathausuhr neun geschlagen hatte, hatte ich Ejnars Zimmer aufgesucht, ich war aber nicht weiter verwundert, ihn dort nicht vorzufinden. Mantel oder Schuhe waren ebenfalls nicht vorhanden, und der ganze Raum wirkte verlassen, als ob Ejnars Geist auf Nimmerwiedersehen zur Tür hinausgeflogen wäre. Der Computer stand zwar noch da, wie auch Bücher und Ordner, ansonsten aber wirkte es, als sei etwas geschehen, etwas, das zur Folge haben würde, dass nichts jemals wieder sein würde wie zuvor.

Und dieses Gefühl verstärkte sich noch, als ich entdeckte, was er auf dem ansonsten peinlich ordentlichen Schreibtisch hinterlassen hatte. Einen Taschenrechner älteren Modells, auf dem er vermutlich in all den Jahren seine endlosen Berechnungen vorgenommen hatte.

Darauf eine Schachtel Streichhölzer, und aus der Schachtel lugte ein einsamer Zipfel unseres grauen, einlagigen und überaus umweltfreundlichen Toilettenpapiers.

Als die Uhr zehn schlug, rief ich in aller Eile sämtliche Beteiligten zusammen, Politiker wie Rathausangestellte, und informierte sie über das, was ich hier für wahrscheinlich hielt. Dass Ejnar Svensson sich heimlich davongemacht hatte. Dass er die Flucht ergriffen hatte und nicht plante, jemals zurückzukehren.

Ich hatte jedoch nicht vor, das unserem König oder irgendjemandem sonst zu erzählen. Nach den nächtlichen Anstrengungen mochte es sein, wie es sein wollte, ich jedoch würde alles tun, um Ejnars Rolle gebührend und ehrenvoll auszufüllen.

Mit keiner Miene ließ sich König Carl Gustaf seine Enttäuschung darüber anmerken, dass der Klopapierkönig *himself* über Nacht unpässlich geworden war und ihm deshalb nicht die Hand schütteln konnte. Möglicherweise fand er das gar nicht so schlimm. Und hier zeigte sich nun, welcher König der Fels in der Brandung war, im Frieden wie im Kriege. Klopapierkönige mochten kommen und gehen, aber das schwedische Königshaus würde bestehen. Und in diesem Geiste wurde Hurra gerufen, und blaugelbe Ballons stiegen gen Himmel, und nichts könnte schöner sein als ein Tag im Mai in einer klimabewussten Gemeinde am Meeresstrand.

Die kurzfristig vorgenommene Programmänderung – dass das Königspaar per Boot zu der berühmten Scheune gebracht werden und sich dieser also vom Meer her nähern sollte – kam zwar unerwartet, und Leibwächter und Co. erklärten anfangs auch, das komme wirklich nicht infrage. Aber hier sprach nun die Königin die erlösenden Worte. Mit sanfter Stimme ließ sie durchblicken, dass das Wasser an einem solchen Tag zweifellos glitzerte wie nie zuvor und dass sie gerne diesen Weg nehmen würde, um das nächste Ziel der Reise zu erreichen.

Nun wurde das königliche Duo also zum Hafen gebracht, stieg dort in ein Boot, das wir zu diesem Zweck bereitgestellt hatten, und wir dankten unserem Glücksstern dafür, dass alles still und ruhig war und dass unser König und unsere Königin solche Naturmenschen von Rang sind. In gemächlichem Tempo bewegten wir uns über das Wasser dahin, die Sonne ließ die Wogen funkeln, und als wir uns näherten, strahlte die Scheune in einem Glanz, den man fast als pastoral bezeichnen könnte.

Ich muss zugeben, dass dies der Augenblick war, vor dem ich mich am meisten gefürchtet hatte. Und wenn nichts unternommen worden wäre, wäre zweifellos ein gewisser Brandgeruch wahrgenommen worden, und ein Stück weiter entfernt zwischen den Bäumen wären möglicherweise die Reste der vergangenen

Größe sowie die dorthin geschleppten Geräte zu sehen gewesen. Aber nun lief alles nach Wunsch. Dass die Pfadfinder immer ihr Bestes geben, ist ja allgemein bekannt, und diesmal hatten sie sich selbst übertroffen. Neben der Scheune war ein Würstchengrill von gigantischen Dimensionen aufgebaut worden, der Rauch quoll gen Himmel und mischte sich nicht nur mit dem alten Rauch der Nacht, sondern versperrte auch die Sicht auf die vom Brand verursachten Verwüstungen.

Das Königspaar begab sich zur Scheune, die Tore wurden aufgetan, das Klopapier aus der Ferne bewundert und die Bilder gemacht, die eben gemacht werden mussten. Medien aller Art taten, wie ihnen geheißen, unsere lokalen Schreiberlinge von der Zeitung wussten genau, was von ihnen erwartet wurde, und die Auswärtigen hatten mit sich selbst genug zu tun und stellten keine überflüssigen Überlegungen an.

Danach wurden die von den Pfadfindern getroffenen Vorbereitungen gewürdigt. König und Königin bekamen zwei dicke Würstchen mit Brot gereicht, garniert mit Senf vom königlichen Hoflieferanten. Ohne zu zögern, griffen sie zu und schlugen ihre edlen Zähne hinein. Der Senf floss der Königin über die Wange, der König hustete und bat um noch eine Wurst und gerne auch etwas Ketchup, falls das möglich wäre, und die Menschen grüßten, jubelten und salutierten. Als dann auch die übrigen Anwesenden aufgefordert wurden zuzugreifen, entwickelte sich eine wunderbare und lockere Stimmung, wie sie nur in einem herrlichen, entspannten Märchenland mit einem anspruchslosen König an der Spitze möglich ist.

Als alles vorüber war – das Königspaar mit nach Rauch riechenden Kleidern auf dem Heimweg, das Podium gesäubert, die Ballons zur Erde gesunken und das Feuer unter den Würstchen gelöscht –, begab ich mich nach

Hause zu meiner Frau. Sie hatte sich mit den anderen auf dem Marktplatz zusammengedrängt und über den Erfolg unseres Ortes gefreut, und jetzt hatte sie einen Rinderbraten und einen guten Roten bereit, um nicht nur die Auszeichnung als solche zu feiern, sondern auch die ungeheuer einfallsreiche und vorbildliche Vorarbeit, die zu nämlicher geführt hatte. »Ich glaube fast, von allen deinen Leistungen ist das hier die größte«, sagte meine Frau und streichelte meine Wange. Dann gestattete sie sich allerdings mit besorgt gerunzelter Stirn die Bemerkung, sie sei doch ein wenig beunruhigt, weil sich Ejnar Svensson den ganzen Tag nicht hatte sehen lassen. Wir mussten wohl hoffen, dass er sich nicht ebenfalls in Rauch aufgelöst hatte.

Kapitel 6

Die Besorgnis meiner Frau sollte sich als durchaus begründet erweisen. Auch am folgenden Tag – geprägt von einer leicht verkaterten, aber dezent euphorischen Stimmung in der gesamten Gemeinde – wurde Ejnar Svensson nirgendwo gesichtet. Telefonisch war er ebenfalls nicht ausfindig zu machen. Sein Anrufbeantworter wiederholte immer wieder, der Teilnehmer sei gerade nicht zu erreichen, werde aber so bald wie möglich zurückrufen, was niemals geschah.

Drei Tage nach dem königlichen Besuch erhielt ich unerwarteten Besuch vom Feuerwehrhauptmann, der unangemeldet mein

Büro betrat und um ein Gespräch unter vier Augen bat, über eine Angelegenheit, die seiner Meinung nach unter keinen Umständen an die Öffentlichkeit gelangen durfte. Er ließ mich wissen, dass die Feuerwehr nun ziemlich sicher von Brandstiftung ausging. Gewisse Utensilien waren in der Nähe sichergestellt worden, und wie bereits erwähnt, hatte ja auch der Brandverlauf den Verdacht aufkommen lassen, dass nicht alles mit rechten Dingen zugegangen sei. Er konnte zugleich mitteilen, dass keinerlei menschliche Überreste aufgefunden worden waren. Das hätte man ja doch befürchten können, da die Tat nunmehr als Akt der Verzweiflung betrachtet werden musste. Er sei über die Hintergründe absolut im Bilde und meinte, es sei nun an der Zeit, die Ordnungsmacht zu informieren.

Ich war eigentlich nicht überrascht, dankte dem Feuerwehrhauptmann aber von Herzen, dachte darüber nach, was er gesagt hatte, und rief dann den Kommissar an, mit dem ich während meiner politischen Jahre am häufigsten das Vergnügen der Zusammenarbeit gehabt hatte. Ich hatte ihn auch schon in der schicksalhaften Brandnacht kontaktiert, um mir vollständige Diskretion zusichern zu lassen. Kurz darauf wurde ich zu Ejnar Svenssons Wohnung gebeten, wo mich, um so wenig Aufsehen zu erregen wie irgend möglich, einige in Zivil gekleidete Polizisten empfingen.

Mit betonter Höflichkeit gewährte uns die Polizei Zugang zu Ejnars Wohnung. Und ich sage es offen: Ich verspürte eine gewisse Spannung, um nicht zu sagen Furcht, als wir über die Schwelle traten. Würden wir uns alsbald einer menschlichen Tragödie gegenübersehen, einer Verzweiflungstat – entsprungen einer Hoffnungslosigkeit, an deren Entstehung ich in allerhöchstem Maße mitgewirkt hatte?

Meine Besorgnis erwies sich jedoch als unbegründet. Kein Leichnam baumelte unter der

Decke, in der Badewanne lag kein ausgebluteter Toter mit aufgeschlitzten Pulsadern. Keine entstellte Gestalt mit bläulichen Lippen besudelte den Teppich, und niemand saß am Schreibtisch und hatte sich mit solcher Wucht eine Kugel in den Kopf gejagt, dass sich seine Finger selbst nach Eintritt des Todes um die rauchende Pistole verkrampft hatten. Stattdessen fanden wir eine peinlich ordentliche, spartanisch eingerichtete Wohnung vor, die, wie Ejnars Arbeitszimmer, den Eindruck erweckte, dass ihr Inhaber sie verlassen hatte, um niemals zurückzukehren. Im Kleiderschrank hingen zwar Kleidungsstücke, und in den Regalen standen Bücher und Ziergegenstände, aber einen Pass konnten wir nicht finden, und Bargeld und eine Zahnbürste auch nicht.

Natürlich war es möglich, dass Ejnar Svensson manches in einem Bankschließfach aufbewahrte, und vorläufig gab es kaum einen Grund für eine Fahndung. Falls nicht zu beweisen war, dass der Betreffende sich eines Verbrechens schuldig gemacht hatte, was ich aufs Energischste zurückwies. Was Ejnar in einer gewissen Scheune unternommen hatte, brauchten weder die hier anwesenden Polizisten noch die Allgemeinheit zu erfahren.

Um die weiteren Geschehnisse zusammenzufassen, genügt die Mitteilung, dass die Geschichte damit fast ihr Ende erreicht hat. Ejnar Svensson kehrte nämlich niemals zurück, weder ins Rathaus noch in seine Wohnung. Ein Bankschließfach ließ sich bei den folgenden Ermittlungen nicht ausfindig machen, und sein bescheidenes Sparkonto war fast leer.

Da Einar nun aber kein Verbrechen begangen hatte und da ihn im Grunde auch niemand wirklich vermisste, konnte die Polizei nicht viel mehr unternehmen. Die entfernten Verwandten, die man ermitteln konnte, zeigten kein besonderes Interesse daran, eine internationale Fahndung zu erzwingen. Einige brachten die Ansicht zum Ausdruck, dass es jedem und jeder freistehe, nach Belieben umzuziehen, das gehe weder Polizei, Lokalpolitiker noch die übrige Bevölkerung irgendetwas an.

Am Ende kamen alle Beteiligten überein, dass Ejnar Svensson einen Schlussstrich gezogen habe – er war verschwunden und hatte sich anderswo niedergelassen. Nach einigen Monaten wurde sein Arbeitszimmer ausgeräumt, und das geschah auch mit seiner Wohnung. Was aus seiner geringen Hinterlassenschaft wurde, braucht hier nicht erzählt zu werden. Interviewwünsche und andere Anfragen wurden bedauernd abgelehnt, wer mit Ejnar Svensson sprechen wollte, musste ihn erst finden, und das sorgte dafür, dass auch das Interesse an uns anderen verblasste. So war das eben, und als Realist weiß man, dass wir unsere Glanztage haben und dass der Glanz danach schal wird, wie wenn eine Wunderkerze nach ihrer glühenden Wanderung auf ihrem Draht ihre funkelnde Laufbahn beendet. Das gilt für uns alle, daran lässt sich nicht rütteln. Aber es auszuhalten, solange man noch Macht ausübt. Und sei es im Verborgenen.

Ja, die Interviewanfragen hörten schließlich auf. Ebenso das Interesse an Vallerås. Aber nicht das an Ejnar Svensson. Alle großen Medien berichteten nach und nach über sein Verschwinden, diese Geschichte ließ sich nicht einfach unter den Teppich kehren, und nach einiger Zeit ging es los mit den Spekulationen, zuerst in Schweden, dann außerhalb der Landesgrenzen. War Ejnar Svensson von Leugnern der Klimakatastrophe entführt worden, die ihren ärgsten Feind ein für alle Mal zum Schweigen bringen wollten? Hatte er sich schlicht in einen abgelegenen Winkel zurückgezogen, wo er in Harmonie mit der Natur leben konnte, deren Symbol er schließlich geworden war?

Schmachtete er im Kerker eines grausamen Diktators, oder ließ er es irgendwo krachen, wo die Sonne schien und wo zu heißen Rhythmen getanzt wurde? Wartete er auf den richtigen Zeitpunkt für einen gewaltigen Auftritt, bei dem er seine Heerscharen sammeln und der Welt mit mehr oder weniger schlagkräftigen Argumenten klarmachen würde, wie man als gewissenhafter und umweltbewusster Bürger zu leben hat?

Die schwedische Polizei und die Säpo wurden international kritisiert, und eine Anzahl von anerkannt kompetenten Organisationen machte sich freiwillig auf die Suche nach unserem Freund, alle aber mussten schließlich einräumen, dass auch sie nicht mehr weiterwussten. Ejnar Svensson schien ganz einfach vom Erdboden verschluckt worden zu sein, und es gab Grenzen, wie lange man nach einem Verschwundenen suchen konnte, dessen hervorstechendste Eigenschaften Zurückhaltung und ein farbloses, durchscheinendes Äußeres gewesen waren.

Natürlich kam es vor, dass irgendwer ihn gesehen haben wollte. Es gab verschwommene Bilder von Ejnar mit Strohhut in einem abgelegenen sonnigen Hafen oder auf denen er bei irgendeiner Massenveranstaltung dem Papst die Hand schüttelte. Verwackelte Videoschnipsel von Umweltdemonstrationen, bei denen der Mann in der Mitte »doch Ejnar sein musste«.

Ich selbst hatte nur ein einziges Mal den Eindruck, dass jemand, der eine solche Beobachtung meldete, auf der richtigen Spur sein könnte. Eine Luftaufnahme von einer abgelegenen kleinen Schäreninsel mit einer Art Puppenhaus, auf dem die undeutliche Gestalt auf der Vortreppe durchaus Ähnlichkeit mit Ejnar aufwies, auch wenn ich bis heute nicht sagen kann, warum. Vielleicht, weil die Person auf dem Bild so undeutlich war, vielleicht, weil ich es eben wollte. Es hätte jedenfalls zu ihm gepasst.

Verschwunden war er aber zweifellos, das konnte niemand leugnen. Doch in anderer Gestalt kehrte er zurück. Ejnar Svensson gab es bald auf T-Shirts und Bechern, auf Plakaten und als Wandmalerei in heruntergekommenen Wohnvierteln. Seine aufsehenerregende Persönlichkeit und sein Leben wurden in Balladen kämpferischer Künstler und bald auch in Büchern geschildert. In den besseren Geschenkboutiquen von Vallerås sowie in den Kiosken und im Rathaus wird eine Auswahl von Produkten angeboten, und mit jedem Jahr verzeichnen wir eine Zunahme an Touristen, sie wandeln auf den Spuren von Ejnar Svensson, besuchen seine Wohnung und natürlich die berühmte Scheune, die nach dem Brand in einem vorher und nachher nie erlebten Tempo wieder aufgebaut wurde.

So gingen die Jahre ins Land. Und das Unvermeidliche geschah, nämlich, dass die letzte Rolle des grauen, einlagigen und in den letzten

Jahren auch dezent nach Rauch duftenden Recyclingpapiers von Vallerås, das die Brandkatastrophe überlebt hatte, zur Anwendung kam, ich glaube, in der Schule. Vierzehn Jahre lang hatten wir dieses Produkt benutzt, und mit Trauer im Herzen mussten wir nun der Tatsache ins Auge sehen, so seltsam sich das auch anhören mag. Man gewöhnt sich schließlich, das muss man ja, und wir gaben uns alle Mühe, einen adäquaten Ersatz zu finden. Es war unmöglich, ein ähnlich unglamouröses Produkt aufzutreiben, obwohl man doch meinen sollte, die Entwicklung sei in diese Richtung gegangen. Am Ende einigten wir uns auf eine schlichte Basisvariante, und ich muss sagen, dass der Übergang so geschmeidig wie nur möglich verlief, was doch schließlich dem Wunsch und Willen aller Politiker entspricht.

Ich ging in Pension. Das musste ja irgendwann passieren. Ich schrieb meine Memoiren, die sich gut verkauften – dank meiner

Rolle in der Geschichte des Sveareichs, Vallerås und der Umweltbewegung –, ansonsten pflege ich meine Interessen wie das Angeln, und ich bin gern zur Stelle, wenn meine Meinung oder meine Anwesenheit erwünscht ist. Das wird zum Beispiel morgen der Fall sein. Dann werde ich die ehrenvolle Aufgabe erfüllen, die Statue zu enthüllen, die Vallerås zu Ehren seines großen Sohnes errichtet hat. Ein Wettbewerb wurde ausgeschrieben, und die Entwürfe strömten nur so herein, unter anderem moderne Werke, bei denen Thema, Umwelt und Held in den verschlungenen Konstruktionen aus Stahldraht und Beton nur vage zu erahnen waren.

Aber wir haben uns für eine traditionelle Skulptur entschieden. Aus Kupfer, wie es sich für einen König geziemt. Niemand soll im Ungewissen darüber schweben, wer hier dargestellt ist oder wofür er bekannt wurde. Der Klopapierkönig Ejnar Svensson wird in alle

Ewigkeit von seinem Thron auf uns herabblicken, zu Freude und Erbauung und natürlich auch zur Inspiration für uns alle. Das war er. Das wurde er. Und so wird er in die Geschichte eingehen.

Und nun kann sich der Vorhang senken.